First Turkish Reader for Beginners

Kemal Osman

First Turkish Reader for Beginners

Bilingual for Speakers of English

First Turkish Reader for Beginners
by Kemal Osman

Homepage
www.lppbooks.com
www.audiolego.com

Graphics: Audiolego Design
Images: Audiolego Studio

Copyright © 2017 Language Practice Publishing
Copyright © 2017 Audiolego
This book is in copyright. Subject to statutory exception and to the provisions of relevant collective licensing agreements, no reproduction of any part may take place without the written permission of Language Practice Publishing.

Table of contents

Türk alfabesi *Turkish alphabet* 7

Elementary level course 9

Bölüm 1 Robert bir köpeğe sahip 10

Bölüm 2 Onlar San Francisco'da yaşıyor (ABD) 13

Bölüm 3 Onlar Alman mı? 15

Bölüm 4 Lütfen yardım edebilir misiniz? 18

Bölüm 5 Robert şimdi ABD'de yaşıyor 21

Bölüm 6 Robert'ın birçok arkadaşı var 24

Bölüm 7 David bir bisiklet satın alır 27

Bölüm 8 Linda yeni bir DVD almak istiyor 29

Bölüm 9 Paul Almanca şarkılar dinler 31

Bölüm 10 Paul tasarım hakkında ders kitapları alır 34

Bölüm 11 Robert biraz para kazanmak istiyor (bölüm 1) 37

Bölüm 12 Robert biraz para kazanmak istiyor (bölüm 2) 40

Pre-intermediate level course 43

Bölüm 13 Otelin adı 44

Bölüm 14 Aspirin 47

Bölüm 15 Nancy ve kanguru 50

Bölüm 16 Paraşütçüler 53

Bölüm 17 Gazı kapat! 58

Bölüm 18 Bir iş acentesi 61

Bölüm 19 David ve Robert kamyonu yıkarlar (bölüm 1) 65

Bölüm 20 David ve Robert kamyonu yıkarlar (bölüm 2) 69

Bölüm 21 Bir ders 73

Bölüm 22 Paul bir yayınevinde çalışır 76

Bölüm 23 Kedi kuralları 80

Bölüm 24 Takım çalışması 83

Bölüm 25 Robert ve David yeni bir iş arıyorlar 87

Bölüm 26 San Francisco Haberleri ne başvurmak 92

Bölüm 27 Polis devriyesi (bölüm 1) 96

Bölüm 28 Polis devriyesi (bölüm 2) 101

Bölüm 29 Yabancı Öğrenciler Okulu (YÖO) ve au pair 106

Turkish-English dictionary 110

English-Turkish dictionary 121

Türk alfabesi
Turkish alphabet

Turkish orthography is highly regular and a word's pronunciation is always completely identified by its spelling. The following table presents the Turkish letters, the sounds they correspond to in International Phonetic Alphabet and how these can be approximated more or less by an English speaker.

Turkish		IPA	English approximation
A	a	/a/	As a in father
B	b	/b/	As b in boy
C	c	/d͡ʒ/	As j in joy
Ç	ç	/t͡ʃ/	As ch in chair
D	d	/d/	As d in dog
E	e	/e/ [1]	As e in red
F	f	/f/	As f in far
G	g	/g/, /ɟ/ [3]	As g in got
Ğ	ğ	/ː/, /‿/, /j/	[4]
H	h	/h/	As h in hot
I	ı	/ɯ/	As e in open
İ	i	/i/	As ee in feet
J	j	/ʒ/	As s in measure
K	k	/k/, /c/ [3]	As k in kit
L	l	/ɫ/, /l/ [3]	As l in love
M	m	/m/	As m in man
N	n	/n/	As n in nice
O	o	/o/	As o in more
Ö	ö	/ø/	As ur in nurse, with lips rounded
P	p	/p/	As p in pin
R	r	/ɾ/	As tt in better [2]
S	s	/s/	As s in song
Ş	ş	/ʃ/	As sh in show
T	t	/t/	As t in tick
U	u	/u/	As oo in zoo

Ü	ü	/y/	As u in cute
V	v	/v/	As v in vat
Y	y	/j/	As y in yes
Z	z	/z/	As z in zigzag

1. /e/ is realized as [æ] in some cases before coda /m, n, l, r/. E.g. *gelmek* [gæɫˈmec], but *gel* [ˈɟɛl].

2. The alveolar tap /ɾ/ doesn't exist as a separate phoneme in English, though a similar sound appears in words like *butter* in a number of dialects.

3. In native Turkic words, the velar consonants /k, g/ are palatalized to [c, ɟ] when adjacent to the front vowels /e, i, ø, y/. Similarly, the consonant /l/ is realized as a clear or light [l] next to front vowels (including word finally), and as a velarized [ɫ] next to the central and back vowels /a, ɯ, o, u/. These alternations are not indicated orthographically: the same letters ⟨k⟩, ⟨g⟩, and ⟨l⟩ are used for both pronunciations. In foreign borrowings and proper nouns, however, these distinct realizations of /k, g, l/ are contrastive. In particular, [c, ɟ] and clear [l] are sometimes found in conjunction with the vowels [a] and [u]. This pronunciation can be indicated by adding a circumflex accent over the vowel: e.g. gâvur ('infidel'), mahkûm ('condemned'), lâzım ('necessary'), although this diacritic's usage has been increasingly archaic.

4. a) Before a vowel: ‿ or [j] as sandhi for back vowels and front vowels, respectively, in the standard dialect. That is *Erdoğan* /ˈɛɾdo‿an/ (the English equivalent is approximately a W, i.e. "Erdowan") and *değil* [ˈdejil] (the English equivalent is approximately a Y, i.e. "deyil"). b) In other cases: Lengthening of the preceding vowel. E.g. *bağ* [ˈbaː]. c) There is also a rare, dialectal occurrence of [ɰ], in Eastern and lower Ankara dialects.

Elementary Level Course

1

Robert bir köpeğe sahip

Robert has a dog

A

Kelimeler

Words

1. ben - I
2. benim - my
3. bir - one
4. birçok - many
5. bisiklet - bike
6. bu - this
7. bu kitap - this book
8. bunlar - these
9. burun - nose
10. büyük - big
11. cadde - street
12. caddeler - streets
13. de, da - too
14. defter - notebook
15. defterler - notebooks
16. değil - not
17. dolma kalem - pen
18. dolma kalemler - pens

19. dört - four
20. dükkan - shop
21. dükkanlar - shops
22. göz - eye
23. gözler - eyes
24. güzel - nice
25. hayal, rüya - dream
26. kedi - cat
27. kelime - word
28. kelimeler - words
29. kitap - book
30. köpek - dog
31. küçük - little
32. masa - table
33. masalar - tables
34. mavi - blue
35. metin - text
36. o - he
37. oda - room
38. odalar - rooms
39. onlar - they

40. onun - his; onun yatağı - his bed
41. otel - hotel
42. oteller - hotels
43. öğrenci - student
44. öğrenciler - students
45. park - park
46. parklar - parks
47. pencere - window
48. pencereler - windows
49. sahip (olmak)/var (olmak) - have; O bir kitaba sahip. - He has a book.
50. siyah - black
51. şu - that
52. şunlar - those
53. ve - and
54. yatak - bed
55. yataklar - beds
56. yeni - new
57. yeşil - green
58. yıldız - star

 B

1.Bu öğrenci bir kitaba sahip. 2.O, bir kaleme de sahip.

3.San Francisco birçok cadde ve parka sahiptir. 4.Bu cadde, yeni otellere ve dükkanlara sahiptir. 5.Bu otel dört yıldıza sahiptir. 6.Bu otel, birçok güzel büyük odaya sahiptir.

7.Bu oda birçok pencereye sahiptir. 8.Ve bu odaların çok penceresi yoktur. 9.Bu odalar dört yatağa sahiptir. 10.Ve şu odalar bir yatağa sahiptir. 11.Şu odada çok masa yoktur. 12.Ve şu odalar birçok büyük masaya sahiptir.

13.Bu caddede otel yoktur. 14.Şu büyük dükkan birçok pencereye sahiptir.

15.Bu öğrencilerin defterleri var. 16.Kalemleri de var. 17.Robert küçük siyah bir deftere sahip. 18.Paul, dört yeni yeşil deftere sahip.

19.Bu öğrenci bir bisiklete sahiptir. 20.O, yeni mavi bir bisiklete sahip. 21.David de bir bisiklete sahip.

1.This student has a book. 2.He has a pen too.

3.San Francisco has many streets and parks. 4.This street has new hotels and shops. 5.This hotel has four stars. 6.This hotel has many nice big rooms.

7.That room has many windows. 8.And these rooms do not have many windows. 9.These rooms have four beds. 10.And those rooms have one bed. 11.That room does not have many tables. 12.And those rooms have many big tables.

13.This street does not have hotels. 14.That big shop has many windows.

15.These students have notebooks. 16.They have pens too. 17.Robert has one little black notebook. 18.Paul has four new green notebooks.

19.This student has a bike. 20.He has a

22.O, güzel siyah bir bisiklete sahip.

23.Paul bir hayale sahip. 24.Benim de bir hayalim var. 25.Benim bir köpeğim yok. 26.Benim bir kedim var. 27.Kedim güzel yeşil gözlere sahip. 28.Robert bir kediye sahip değil. 29.O bir köpeğe sahip. 30.Onun köpeği küçük siyah bir burna sahip.

new blue bike. 21.David has a bike too. 22.He has a nice black bike.

23.Paul has a dream. 24.I have a dream too. 25.I do not have a dog. 26.I have a cat. 27.My cat has nice green eyes. 28.Robert does not have a cat. 29.He has a dog. 30.His dog has a little black nose.

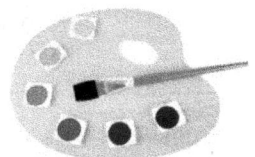

2

Onlar San Francisco'da yaşıyor (ABD)

They live in San Francisco (the USA)

A

Kelimeler

Words

1. Kanada - Canada
2. ABD - USA
3. ABD'li - from the USA
4. aç - hungry; Ben açım. - I am hungry.
5. Alman - German
6. Amerikalı - American
7. anne - mother
8. biz - we
9. büyük - big
10. de, da - in
11. -den, -dan, -lı, -li - from
12. erkek kardeş - brother
13. iki - two
14. Kanadalı - Canadian
15. kız kardeş - sister
16. o - she
17. sandviç - sandwich
18. satın almak - buy

19. sen - you
20. süpermarket - supermarket
21. Şehir - city
22. şimdi - now
23. yaşamak - live

B

1.San Francisco büyük bir şehir. 2.San Francisco ABD'de.

3.Bu, Robert. 4.Robert bir öğrenci. 5.O şimdi San Francisco'da. 6.Robert Almanyalı. 7.O, Alman. 8.Robert'ın bir annesi, bir babası, bir erkek kardeşi ve bir kız kardeşi var. 9.Onlar Almanya'da yaşıyor.

10.Bu Paul. 11.Paul da bir öğrenci. 12.O Kanadalı. 13.O Kanadalı. 14.Paul'un bir annesi, bir babası ve iki kız kardeşi var. 15.Onlar Kanada'da yaşıyor.

16.Robert ve Paul şimdi bir süpermarketteler. 17.Onlar aç. 18.Sandviç satın alıyorlar.

19.Bu Linda. 20.Linda Amerikalı. 21.Linda da San Francisco'da yaşıyor. 22.O bir öğrenci değil.

23.Ben bir öğrenciyim. 24.Ben Almanyalıyım. 25.Ben şimdi San Francisco'dayım. 26.Ben aç değilim.

27.Sen bir öğrencisin. 28.Sen Almansın. 29.Sen şu an Almanya'da değilsin. 30.Sen ABD'desin.

31.Biz öğrenciyiz. 32.Biz şimdi ABD'deyiz.

33.Bu bir bisiklet. 34.Bisiklet mavi. 35.Bisiklet yeni değil.

36.Bu bir köpek. 37.Köpek siyah. 38.Köpek büyük değil.

39.Bunlar dükkanlar. 40.Dükkanlar büyük değil. 41.Onlar küçük. 42.Şu dükkan birçok pencereye sahip. 43.Şu dükkanlar birçok pencereye sahip değil.

44.Şu kedi odada. 45.Şu kediler odada değil.

1.San Francisco is a big city. 2.San Francisco is in the USA.

3.This is Robert. 4.Robert is a student. 5.He is in San Francisco now. 6.Robert is from Germany. 7.He is German. 8.Robert has a mother, a father, a brother and a sister. 9.They live in Germany.

10.This is Paul. 11.Paul is a student too. 12.He is from Canada. 13.He is Canadian. 14.Paul has a mother, a father and two sisters. 15.They live in Canada.

16.Robert and Paul are in a supermarket now. 17.They are hungry. 18.They buy sandwiches.

19.This is Linda. 20.Linda is American. 21.Linda lives in San Francisco too. 22.She is not a student.

23.I am a student. 24.I am from Germany. 25.I am in San Francisco now. 26.I am not hungry.

27.You are a student. 28.You are German. 29.You are not in Germany now. 30.You are in the USA.

31.We are students. 32.We are in the USA now.

33.This is a bike. 34.The bike is blue. 35.The bike is not new.

36.This is a dog. 37.The dog is black. 38.The dog is not big.

39.These are shops. 40.The shops are not big. 41.They are little. 42.That shop has many windows. 43.Those shops do not have many windows.

44.That cat is in the room. 45.Those cats are not in the room.

3

Onlar Alman mı?

Are they Germans?

A

Kelimeler

Words

1. adam - man
2. bizim - our
3. CD çalar - CD player
4. -da, -de - at, on
5. ev - house
6. evet - yes
7. harita - map
8. hayır - no
9. hayvan - animal
10. hepsi - all
11. İspanyol /İspanyolca - Spanish
12. kadın - woman
13. kafe - café
14. nasıl - how
15. nerede - where
16. o - it
17. oğlan - boy
18. onun kitabı - her book
19. sen /siz - you

B

1
- Ben bir oğlanım. Ben odadayım.
- Sen Amerikalı mısın?
- Hayır, değilim. Ben Almanım.
- Sen bir öğrenci misin?
- Evet, öyleyim. Ben bir öğrenciyim.

2
- Bu bir kadın. Kadın da odada.
- O Alman mı?
- Hayır, değil. O Amerikalı.
- O bir öğrenci mi?
- Hayır, değil. O öğrenci değil.
- Bu bir adam. O masada.
- O Amerikalı mı?
- Evet, öyle. O Amerikalı.

3
- Bunlar öğrenciler. Onlar parktalar.
- Hepsi Amerikalı mı?
- Hayır, değiller. Onlar Almanyalı, ABD'li ve Kanadalı.

4
- Bu bir masa. O büyük.
- O yeni mi?
- Evet, öyle. O yeni.

5
- Bu bir kedi. O odada.
- O siyah mı?
- Evet, öyle. O siyah ve güzel.

6
- Bunlar bisikletler. Onlar evdeler.
- Onlar siyah mı?
- Evet, öyleler. Onlar siyah.

7
- Senin bir defterin var mı?
- Evet, var.
- Kaç tane defterin var?
- İki tane defterim var.

8
- Onun bir dolma kalemi var mı?
- Evet, var.
- Onun kaç tane dolma kalemi var?
- Onun bir dolma kalemi var.

1
- I am a boy. I am in the room.
- Are you American?
- No, I am not. I am German.
- Are you a student?
- Yes, I am. I am a student.

2
- This is a woman. The woman is in the room too.
- Is she German?
- No, she is not. She is American.
- Is she a student?
- No, she is not. She is not a student.
- This is a man. He is at the table.
- Is he American?
- Yes, he is. He is American.

3
- These are students. They are in the park.
- Are they all Americans?
- No, they are not. They are from Germany, the USA and Canada.

4
- This is a table. It is big.
- Is it new?
- Yes, it is. It is new.

5
- This is a cat. It is in the room.
- Is it black?
- Yes, it is. It is black and nice.

6
- These are bikes. They are at the house.
- Are they black?
- Yes, they are. They are black.

7
- Do you have a notebook?
- Yes, I have.
- How many notebooks have you?
- I have two notebooks.

8
- Does he have a pen?
- Yes, he has.
- How many pens have he?
- He has one pen.

9
- Onun bir bisikleti var mı?
- Evet, var.
- Onun bisikleti mavi mi?
- Hayır, değil. Onun bisikleti mavi değil. Yeşil.

10
- Senin bir İspanyolca kitabın var mı?
- Hayır, yok. Benim bir İspanyolca kitabım yok. Benim kitabım yok.

11
- Onun bir kedisi var mı?
- Hayır, yok. Onun bir kedisi yok. Onun bir hayvanı yok.

12
- Sizin bir CD çalarınız var mı?
- Hayır, yok. Bizim bir CD çalarımız yok.

13
- Haritamız nerede?
- Haritamız odada.
- Masada mı?
- Evet, öyle.

14
- Oğlanlar nerede?
- Onlar kafedeler.
- Bisikletler nerede?
- Onlar kafedeler.
- Paul nerede?
- O da kafede.

9
- *Does she have a bike?*
- *Yes, she has.*
- *Is her bike blue?*
- *No, it is not. Her bike is not blue. It is green.*

10
- *Do you have a Spanish book?*
- *No, I do not. I do not have a Spanish book. I have no books.*

11
- *Does she have a cat?*
- *No, she does not. She does not have a cat. She has no animal.*

12
- *Do you have a CD player?*
- *No, we do not. We do not have a CD player.*

13
- *Where is our map?*
- *Our map is in the room.*
- *Is it on the table?*
- *Yes, it is.*

14
- *Where are the boys?*
- *They are in the café.*
- *Where are the bikes?*
- *They are at the café.*
- *Where is Paul?*
- *He is in the café too.*

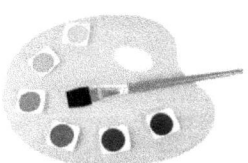

4

Lütfen yardım edebilir misiniz?

Can you help, please?

 A

Kelimeler

Words

1. adres - address
2. almak - take
3. ama - but
4. banka - bank
5. -ebil- /-abil- - can, may; Okuyabiliyorum. - I can read.
6. gitmek - go; Bankaya giderim. - I go to the bank.
7. için - for
8. konuşmak - speak
9. lütfen - please
10. -mamalı- /-memeli- - must not
11. -meli /-malı - must; Gitmeliyim. - I must go.
12. okumak - read
13. oturmak - sit
14. oynamak - play
15. öğrenmek - learn

16. teşekkür ederim, teşekkürler - thank you, thanks
17. teşekkür etmek - thank
18. yardım, yardım etmek - help
19. yazmak - write
20. yer - place

1
- Lütfen yardım edebilir misiniz?
- Evet, edebilirim.
- Adresi İngilizce yazamıyorum. Benim için yazabilir misiniz?
- Evet, yazabilirim.
- Teşekkür ederim.

2
- Tenis oynayabiliyor musunuz?
- Hayır, oynayamıyorum. Ama öğrenebilirim. Öğrenmeme yardım edebilir misiniz?
- Evet, edebilirim. Tenis oynamayı öğrenmene yardım edebilirim.
- Teşekkür ederim.

3
- İngilizce konuşabiliyor musunuz?
- İngilizce konuşabiliyorum ve okuyabiliyorum ama yazamıyorum.
- Almanca konuşabiliyor musunuz?
- Almanca konuşabiliyorum, okuyabiliyorum, ve yazabiliyorum.
- Linda da Almanca konuşabiliyor mu?
- Hayır, konuşamıyor. O Amerikalı.
- Onlar İngilizce konuşabiliyorlar mı?
- Evet, biraz konuşabiliyorlar. Onlar öğrenciler ve İngilizce öğreniyorlar. Bu oğlan İngilizce konuşamıyor.

4
- Onlar neredeler?
- Onlar şimdi tenis oynuyorlar.
- Biz de oynayabilir miyiz?
- Evet, oynayabiliriz.

5
- Robert nerede?
- Kafede olabilir.

6
- Bu masaya oturun, lütfen.
- Teşekkür ederim. Kitaplarımı şu masaya

1
- *Can you help me, please?*
- *Yes, I can.*
- *I cannot write the address in English. Can you write it for me?*
- *Yes, I can.*
- *Thank you.*

2
- *Can you play tennis?*
- *No, I cannot. But I can learn. Can you help me to learn?*
- *Yes, I can. I can help you to learn to play tennis.*
- *Thank you.*

3
- *Can you speak English?*
- *I can speak and read English but I cannot write.*
- *Can you speak German?*
- *I can speak, read and write German.*
- *Can Linda speak German too?*
- *No, she cannot. She is American.*
- *Can they speak English?*
- *Yes, they can a little. They are students and they learn English. This boy cannot speak English.*

4
- *Where are they?*
- *They play tennis now.*
- *May we play too?*
- *Yes, we may.*

5
- *Where is Robert?*
- *He may be at the café.*

6
- *Sit at this table, please.*
- *Thank you. May I place my books on that table?*

koyabilir miyim?
- Evet, koyabilirsin.

7
- Paul masasında oturabilir mi?
- Evet, oturabilir.

8
- Onun yatağında oturabilir miyim?
- Hayır, oturmamalısın.
- Linda onun CD çalarını alabilir mi?
- Hayır. Onun CD çalarını almamalı.

9
- Onlar onun haritasını alabilir mi?
- Hayır, alamazlar.

10
- Onun yatağında oturmamalısın.
- O, onun CD çalarını almamalı.
- Onlar bu defterleri almamalılar.

11
- Bankaya gitmeliyim.
- Şimdi mi gitmelisin?
- Evet, gitmeliyim.

12
- Almanca öğrenmeli misin?
- Almanca öğrenmeme gerek yok. İngilizce öğrenmeliyim.

13
- O, bankaya gitmeli mi?
- Hayır. Bankaya gitmesine gerek yok.

14
- Bu bisikleti alabilir miyim?
- Hayır, onun bisikletini almamalısın.
- Bu defterleri onun yatağına koyabilir miyiz?
- Hayır. Bu defterleri onun yatağına koymamalısın.

- *Yes, you may.*

7
- *May Paul sit at his table?*
- *Yes, he may.*

8
- *May I sit on her bed?*
- *No, you must not.*
- *May Linda take his CD player?*
- *No. She must not take his CD player.*

9
- *May they take her map?*
- *No, they may not.*

10
- *You must not sit on her bed.*
- *She must not take his CD player.*
- *They must not take these notebooks.*

11
- *I must go to the bank.*
- *Must you go now?*
- *Yes, I must.*

12
- *Must you learn German?*
- *I need not learn German. I must learn English.*

13
- *Must she go to the bank?*
- *No. She need not go to the bank.*

14
- *May I take this bike?*
- *No, you must not take this bike.*
- *May we place these notebooks on her bed?*
- *No. You must not place the notebooks on her bed.*

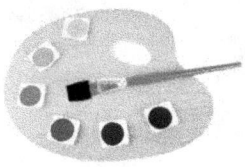

5

Robert şimdi ABD'de yaşıyor

Robert lives in the USA now

Kelimeler

Words

1. altı - six
2. beğenmek, sevmek - like, love
3. beş - five
4. biraz, bazı, birkaç - some
5. çay - tea
6. çiftlik - farm
7. dinlemek - listen; Müzik dinlerim. - I listen to music.
8. gazete - newspaper
9. gerekmek, ihtiyacı olmak - need
10. içmek - drink
11. insanlar - people
12. istemek - want
13. iyi - good (Adj.), well (Adv.)
14. kahvaltı - breakfast; kahvaltı etmek - have breakfast
15. kız - girl
16. meydan - square

17. mobilya - furniture
18. müzik - music
19. ora - there
20. sandalye - chair

21. sekiz - eight
22. üç - three
23. yedi - seven
24. yemek - eat

B

1
Linda iyi İngilizce okur. Ben de İngilizce okurum. Öğrenciler parka giderler. O da parka gider.

2
Biz San Francisco'da yaşıyoruz. Paul da şimdi San Francisco'da yaşıyor. Onun babası ve annesi Kanada'da yaşıyor. Robert şimdi San Francisco'da yaşıyor. Onun babası ve annesi Almanya'da yaşıyorlar.

3
Öğrenciler tenis oynarlar. Paul iyi oynar. Robert iyi oynamaz.

4
Çay içeriz. Linda yeşil çay içer. David siyah çay içer. Ben de siyah çay içerim.

5
Ben müzik dinlerim. Sarah da müzik dinler. O iyi müzik dinlemeyi sever.

6
Altı deftere ihtiyacım var. David'in yedi deftere ihtiyacı var. Linda'nın sekiz deftere ihtiyacı var.

7
Sarah içmek istiyor. Ben de içmek istiyorum. Paul yemek istiyor.

8
Masada bir gazete var. Paul onu alır ve okur. O, gazete okumayı sever.

9
Odada birkaç mobilya var. Orada altı masa ve altı sandalye var.

10
Odada üç kız var. Onlar kahvaltı ediyorlar.

11
Sarah ekmek yiyor ve çay içiyor. O yeşil çayı sever.

1
Linda reads English well. I read English too. The students go to the park. She goes to the park too.

2
We live in San Francisco. Paul lives in San Francisco now too. His father and mother live in Canada. Robert lives in San Francisco now. His father and mother live in Germany.

3
The students play tennis. Paul plays well. Robert does not play well.

4
We drink tea. Linda drinks green tea. David drinks black tea. I drink black tea too.

5
I listen to music. Sarah listens to music too. She likes to listen to good music.

6
I need six notebooks. David needs seven notebooks. Linda needs eight notebooks.

7
Sarah wants to drink. I want to drink too. Paul wants to eat.

8
There is a newspaper on the table. Paul takes it and reads. He likes to read newspapers.

9
There is some furniture in the room. There are six tables and six chairs there.

10
There are three girls in the room. They are eating breakfast.

11
Sarah is eating bread and drinking tea. She likes green tea.

12
Masada birkaç kitap var. Yeni değiller. Eskiler.

13
- Bu caddede bir banka var mı?
- Evet, var. Bu caddede beş banka var. Bankalar büyük değil.

14
- Meydanda insanlar var mı?
- Evet, var. Meydanda birkaç insan var.

15
- Kafede bisikletler var mı?
- Evet, var. Kafede dört bisiklet var. Yeni değiller.

16
- Bu caddede bir otel var mı?
- Hayır, yok. Bu caddede hiç otel yok.

17
- Şu caddede hiç büyük dükkan var mı?
- Hayır, yok. O caddede hiç büyük dükkan yok.

18
- ABD'de hiç çiftlik var mı?
- Evet, var. ABD'de birçok çiftlik var.

19
- Şu odada hiç mobilya var mı?
- Evet, var. Orada dört masa ve birkaç sandalye var.

12
There are some books on the table. They are not new. They are old.

13
- Is there a bank in this street?
- Yes, there is. There are five banks in this street. The banks are not big.

14
- Are there people in the square?
- Yes, there are. There are some people in the square.

15
- Are there bikes at the café?
- Yes, there are. There are four bikes at the café. They are not new.

16
- Is there a hotel in this street?
- No, there is not. There are no hotels in this street.

17
- Are there any big shops in that street?
- No, there are not. There are no big shops in that street.

18
- Are there any farms in the USA?
- Yes, there are. There are many farms in the USA.

19
- Is there any furniture in that room?
- Yes, there is. There are four tables and some chairs there.

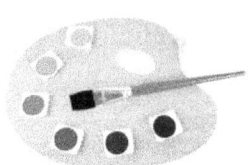

6

Robert'ın birçok arkadaşı var

Robert has many friends

 A

Kelimeler
Words

1. acente - agency
2. altında - under
3. araba - car
4. arkadaş - friend
5. baba - dad
6. bilgisayar - computer
7. bilmek - know
8. birçok - many, much
9. boş - free; boş zaman - free time
10. CD - CD
11. David'in kitabı - David's book
12. -de /-da - as well
13. -e /-a - into
14. gelmek/gitmek - come/go
15. iş - job, work; çok işi olmak - have a lot of work
16. iş acentesi - job agency
17. kahve - coffee
18. kapı - door
19. ocak - cooker
20. temiz - clean

B

1
Robert'ın birçok arkadaşı var. Robert'ın arkadaşları kafeye giderler. Kahve içmeyi severler. Robert'ın arkadaşları çok kahve içerler.

2
Paul'un babasının bir arabası var. Babasının arabası temiz ama eski. Paul'un babası çok araba sürer. Onun iyi bir işi var ve şimdi çok işi var.

3
David'in birçok CDsi var. David'in CDleri yatağının üzerinde. David'in CD çaları da yatağının üstünde.

4
Robert Amerikan gazeteleri okur. Robert'ın odasında masada birçok gazete vardır.

5
Nancy'nin bir kedisi ve bir köpeği var. Nancy'nin kedisi odada yatağın altında. Nancy'nin köpeği de odada.

6
Bu arabada bir adam var. Bu adamın bir haritası var. Adamın haritası büyük. Adam çok araba sürer.

7
Ben bir öğrenciyim. Çok boş zamanım var. Bir iş acentesine giderim. İyi bir işe ihtiyacım var.

8
Paul ve Robert'ın az boş zamanı var. Onlar da iş acentesine giderler. Paul'un bir bilgisayarı var. Acente Paul'a iyi bir iş verebilir.

9
Linda'nın yeni bir ocağı var. Linda'nın ocağı iyi ve temiz. Linda çocukları için kahvaltı pişirir. Nancy ve David Linda'nın çocuklarıdır. Linda'nın çocukları çok çay içerler. Anne biraz kahve içer. Nancy'nin annesi çok az sayıda Almanca kelime konuşabilir. O azıcık Almanca konuşur. Linda'nın bir işi vardır. Onun az boş vakti var.

10
Robert azıcık İngilizce konuşabilir. Robert çok az sayıda İngilizce kelime bilir. Ben birçok İngilizce

1
Robert has many friends. Robert's friends go to the café. They like to drink coffee. Robert's friends drink a lot of coffee.

2
Paul's dad has a car. The dad's car is clean but old. Paul's dad drives a lot. He has a good job and he has a lot of work now.

3
David has a lot of CDs. David's CDs are on his bed. David's CD player is on his bed as well.

4
Robert reads American newspapers. There are many newspapers on the table in Robert's room.

5
Nancy has a cat and a dog. Nancy's cat is in the room under the bed. Nancy's dog is in the room as well.

6
There is a man in this car. This man has a map. The man's map is big. This man drives a lot.

7
I am a student. I have a lot of free time. I go to a job agency. I need a good job.

8
Paul and Robert have a little free time. They go to the job agency as well. Paul has a computer. The agency may give Paul a good job.

9
Linda has a new cooker. Linda's cooker is good and clean. Linda cooks breakfast for her children. Nancy and David are Linda's children. Linda's children drink a lot of tea. The mother drinks a little coffee. Nancy's mother can speak very few German words. She speaks German very little. Linda has a job. She has little free time.

10
Robert can speak English little. Robert knows very few English words. I know a lot of

kelime bilirim. Ben biraz İngilizce konuşabilirim. Bu kadın çok sayıda İngilizce kelime bilir. O İngilizceyi iyi konuşabilir.

11

George bir iş acentesinde çalışır. Bu iş acentesi San Francisco'da. George'un bir arabası var. George'un arabası caddede. George'un çok işi var. O acenteye gitmeli. Oraya araba sürer. George acenteye gelir. Orada birçok öğrenci vardır. İşlere ihtiyaçları vardır. George'un işi öğrencilere yardım etmektir.

12

Otelde bir araba vardır. Bu arabanın kapıları temiz değil. Birçok öğrenci bu otelde yaşıyor. Otelin odaları küçük ama temiz. Bu Robert'ın odası. Odanın penceresi büyük ve temiz.

English words. I can speak English a little. This woman knows a lot of English words. She can speak English well.

11

George works at a job agency. This job agency is in San Francisco. George has a car. George's car is in the street. George has a lot of work. He must go to the agency. He drives there. George comes into the agency. There are a lot of students there. They need jobs. George's job is to help the students.

12

There is a car at the hotel. The doors of this car are not clean. Many students live in this hotel. The rooms of the hotel are little but clean. This is Robert's room. The window of the room is big and clean.

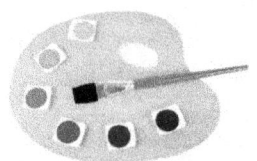

7

David bir bisiklet satın alır

David buys a bike

 A

Kelimeler

Words

1. atıştırma - snack
2. banyo - bathroom; küvet - bath
3. banyo masası - bathroom table
4. birer birer - one by one
5. bisikletle gitmek, bisiklet sürmek - go by bike, ride a bike
6. bugün - today
7. büro - office
8. cumartesi - Saturday
9. çamaşır makinesi - washer
10. ev - home; eve gitmek - go home
11. firma - firm
12. firmalar - firms
13. ile - with
14. işçi - worker
15. merkez - centre; şehir merkezi - city centre
16. mutfak - kitchen

17. otobüs - bus; otobüsle gitmek - go by bus
18. sabah - morning
19. sıra - queue
20. sonra - then; ondan sonra - after that
21. spor - sport; spor mağazası - sport shop
22. spor bisikleti - sport bike
23. yapmak - make
24. yıkamak - wash
25. yüz - face
26. zaman - time

 B

Bir cumartesi sabahıdır. David banyoya gider. Banyo büyük değil. Orada bir küvet, bir çamaşır makinesi ve bir banyo masası var. David yüzünü yıkar. Sonra mutfağa gider. Mutfak masasında bir çay makinesi var. David kahvaltısını eder. David'in kahvaltısı büyük değil. Sonra kahve makinesiyle biraz kahve yapar ve içer. Bugün bir spor mağazasına gitmek istiyor. David sokağa çıkar. Yedi otobüsüne biner. David'in mağazaya otobüsle gitmesi azıcık sürer.

David spor mağazasına gider. Yeni bir spor bisikleti almak istiyor. Orada birçok spor bisikleti var. Onlar siyah, mavi ve yeşiller. David mavi bisikletleri beğenir. Mavi bir tane almak istiyor. Mağazada bir sıra var. David'in bisikleti alması uzun sürer. Sonra o, caddeye gider ve bisiklete biner. Şehir merkezine sürer. Sonra şehir merkezinden şehir parkına sürer. Yeni bir spor bisikleti sürmek çok iyi!

Bir cumartesi sabahıdır ama George ofisinde. Bugün çok işi var. George'un bürosuna bir sıra var. Sırada birçok öğrenci ve işçi var. Bir işe ihtiyaçları var. George'un odasına birer birer giderler. George ile konuşurlar. Sonra o, onlara firma adresleri verir.

Şimdi atıştırma vaktidir. George kahve makinesiyle biraz kahve yapar. Atıştırmasını yer ve biraz kahve içer. Şimdi ofisine bir sıra yok. George eve gidebilir. O caddeye gider. Bugün çok güzel! George eve gider. Çocuklarını alır ve şehir parkına gider. Orada iyi bir vakit geçirirler.

It is Saturday morning. David goes to the bathroom. The bathroom is not big. There is a bath, a washer and a bathroom table there. David washes his face. Then he goes to the kitchen. There is a tea-maker on the kitchen table. David eats his breakfast. David's breakfast is not big. Then he makes some coffee with the coffee-maker and drinks it. He wants to go to a sport shop today. David goes into the street. He takes bus seven. It takes David a little time to go to the shop by bus.

David goes into the sport shop. He wants to buy a new sport bike. There are a lot of sport bikes there. They are black, blue and green. David likes blue bikes. He wants to buy a blue one. There is a queue in the shop. It takes David a lot of time to buy the bike. Then he goes to the street and rides the bike. He rides to the city centre. Then he rides from the city centre to the city park. It is so nice to ride a new sport bike!

It is Saturday morning but George is in his office. He has a lot of work today. There is a queue to George's office. There are many students and workers in the queue. They need a job. They go one by one into George's room. They speak with George. Then he gives addresses of firms.

It is snack time now. George makes some coffee with the coffee maker. He eats his snack and drinks some coffee. There is no queue to his office now. George can go home. He goes into the street. It is so nice today! George goes home. He takes his children and goes to the city park. They have a nice time there.

8

Linda yeni bir DVD almak istiyor

Linda wants to buy a new DVD

 A

Kelimeler

Words

1. arkadaş canlısı - friendly
2. ayrılmak - go away
3. bardak - cup
4. büyük/daha büyük/en büyük - big/bigger/the biggest
5. daha fazla - more
6. -den /-dan - than; George Linda'dan daha yaşlı. - George is older than Linda.
7. -diği /-dığı - that; Bu kitabın ilginç olduğunu biliyorum. - I know that this book is interesting.
8. DVD - DVD
9. en sevdiği - favourite
10. en sevdiği film - favourite film
11. film - film
12. genç - young
13. göstermek - show
14. ilginç - interesting

15. istemek, sormak - ask
16. kutu - box
17. macera - adventure
18. onbeş - fifteen
19. saat - hour
20. satıcı - shop assistant
21. söylemek - say
22. sürmek - last, take; Film üç saatten fazla sürer. - The movie lasts more than three hours.
23. uzun - long
24. vermek - give, hand
25. video kaseti - videocassette
26. video mağazası - video-shop
27. yirmi - twenty

B

David ve Nancy Linda'nın çocuklarıdır. Nancy en küçük çocuk. O beş yaşında. David Nancy'den onbeş yaş büyük. O yirmi yaşında. Nancy David'den çok daha küçük.
Nancy, Linda ve David mutfaktalar. Çay içerler. Nancy'nin bardağı büyük. Linda'nın bardağı daha büyük. David'in bardağı en büyük.
Linda ilginç filmlerle birçok video kasetine ve DVDlere sahip. O daha yeni bir film almak istiyor. Bir video mağazasına gider. Orada video kasetli ve DVDli olan birçok kutu vardır. O bir satıcıdan kendisine yardım etmesini ister. Satıcı Linda'ya birkaç kaset verir. Linda bu filmler hakkında daha fazla bilgi almak ister ama satıcı ayrılır.
Mağazada bir satıcı daha var ve o daha arkadaş canlısı. O Linda'ya en sevdiği filmleri sorar. Linda romantik filmleri ve macera filmlerini sever. "Titanic" onun en sevdiği film.
Satıcı Linda'ya en yeni Hollywood filmi "The German Friend" in DVD'sini gösterir. O ABD'de bir adamın ve genç bir kadının romantik maceraları hakkındadır.
O, Linda'ya "The Firm" filminin bir DVD'sini de gösterir. Satıcı "The Firm" filminin en ilginç filmlerden biri olduğunu söyler. Ve en uzun filmlerden biridir de. O üç saatten fazla uzun. Linda daha uzun filmlerden hoşlanır. O "Titanic" in sahip olduğu en ilginç ve en uzun film olduğunu söyler. Linda "The Firm" filminin bir DVD'sini alır. O, satıcıya teşekkür eder ve gider.

*David and Nancy are Linda's children. Nancy is the youngest child. She is five years old. David is fifteen years older than Nancy. He is twenty. Nancy is much younger than David. Nancy, Linda and David are in the kitchen. They drink tea. Nancy's cup is big. Linda's cup is bigger. David's cup is the biggest. Linda has a lot of videocassettes and DVDs with interesting films. She wants to buy a newer film. She goes to a video-shop. There are many boxes with videocassettes and DVDs there. She asks a shop assistant to help her. The shop assistant hands Linda some cassettes. Linda wants to know more about these films but the shop assistant goes away. There is one more shop assistant in the shop and she is friendlier. She asks Linda about her favorite films. Linda likes romantic films and adventure films. The film "Titanic" is her favorite film. The shop assistant shows Linda a DVD with the newest Hollywood film "The German Friend". It is about romantic adventures of a man and a young woman in the USA.
She shows Linda a DVD with the film "The Firm" as well. The shop assistant says that the film "The Firm" is one of the most interesting films. And it is one of the longest films as well. It is more than three hours long. Linda likes longer films. She says that "Titanic" is the most interesting and the longest film that she has. Linda buys a DVD with the film "The Firm". She thanks the shop assistant and goes.*

9

Paul Almanca şarkılar dinler

Paul listens to German songs

A

Kelimeler

Words

1. aile - family
2. aramak - call on the phone
3. arızalı - out of order
4. basit - simple
5. baş - head; gitmek - to head, to go
6. başlamak - begin
7. beğenmek - like; Bunu beğendim. - I like that.
8. çağrı - call; çağrı merkezi - call centre
9. çanta - bag
10. çok - very
11. çünkü - because
12. dakika - minute
13. ekmek - bread
14. gün - day
15. her - every

16. isim - name
17. koşmak - run
18. öğrenci yurdu - dorms
19. önünde - before
20. söylemek - say
21. şapka - hat
22. şarkı söylemek - sing; şarkıcı - singer
23. tabir - phrase
24. telefon - telefone
25. telefon etmek - to telephone
26. tereyağı - butter
27. utanmak - be ashamed; o utandı - he is ashamed
28. yakın, yakındaki, sonraki - near, nearby, next
29. yakınlık - nearness
30. yaklaşık - about
31. zıplamak, zıplama - jump

B

Carol bir öğrenci. O yirmi yaşında. Carol İspanyalı. O, öğrenci yurdunda yaşıyor. O çok iyi bir kız. Carol'ın üstünde mavi bir elbise var. Onun başında bir şapka var.
Carol bugün ailesine telefon etmek istiyor. Çağrı merkezine gider çünkü telefonu arızalıdır. Çağrı merkezi kafenin önündedir. Carol ailesini arar. O, annesiyle ve babasıyla konuşur. Çağrı yaklaşık beş dakika sürer. Sonra o, arkadaşı Angela'yı arar. Bu çağrı yaklaşık üç dakika sürer.
Robert sporu sever. O öğrenci yurtlarının yakınındaki parkta her sabah koşar. Bugün de koşuyor. Zıplıyor da. Onun zıplamaları çok uzun. Paul ve David, Robert ile koşuyorlar ve zıplıyorlar. David'in atlaması daha uzundur. Paul'un zıplamaları en uzun. O en iyi zıplıyor. Sonra Robert ve Paul öğrenci yurtlarına koşarlar ve David eve koşar.
Robert odasında kahvaltısını eder. Ekmek ve tereyağı alır. Kahve makinesiyle biraz kahve yapar. Sonra ekmeye tereyağı sürer ve yer.
Robert San Francisco'daki öğrenci yurtlarında yaşar. Onun odası Paul'un odasının yakınında. Robert'ın odası büyük değil. Temiz çünkü Robert her gün odasını temizler. Odasında bir masa, bir yatak, birkaç sandalye ve biraz daha fazla mobilya vardır. Robert'ın kitapları ve defterleri masadadır. Çantası masanın altındadır. Sandalyeler masadadır. Robert eline birkaç CD alır ve Paul'a gider çünkü Paul Almanca müzik dinlemek ister.

Carol is a student. She is twenty years old. Carol is from Spain. She lives in the student dorms. She is a very nice girl. Carol has a blue dress on. There is a hat on her head. Carol wants to telephone her family today. She heads to the call centre because her telephone is out of order. The call centre is in front of the café. Carol calls her family. She speaks with her mother and father. The call takes her about five minutes. Then she calls her friend Angela. This call takes her about three minutes.
Robert likes sport. He runs every morning in the park near the dorms. He is running today too. He jumps as well. His jumps are very long. Paul and David are running and jumping with Robert. David's jumps are longer. Paul's jumps are the longest. He jumps best of all. Then Robert and Paul run to the dorms and David runs home.
Robert has his breakfast in his room. He takes bread and butter. He makes some coffee with the coffee-maker. Then he butters the bread and eats.
Robert lives in the dorms in San Francisco. His room is near Paul's room. Robert's room is not big. It is clean because Robert cleans it every day. There is a table, a bed, some chairs and some more furniture in his room. Robert's books and notebooks are on the table. His bag is under the table. The chairs are at the table. Robert takes some CDs in his hand and heads to Paul's because Paul wants to listen to German music.
Paul is in his room at the table. His cat is

Paul odasında masada. Onun kedisi masanın altında. Kedinin önünde biraz ekmek var. Kedi ekmeği yiyor. Robert CDleri Paul'a verir. CDlerde en iyi Alman müziği vardır. Paul Alman şarkıcıların isimlerini de bilmek ister. Robert en sevdiği şarkıcıları söyler. O, Blümchen'i, Nena'yı ve Herbert Grönemeyer'i söyler. Bu isimler Paul'a yenidir.

O, CDleri dinler ve sonra Almanca şarkıları söylemeye başlar! O, bu şarkıları çok beğenir. Paul, Robert'dan şarkıların kelimelerini yazmasını ister. Robert, Paul için en iyi Almanca şarkıların kelimelerini yazar. Paul bazı şarkıların kelimelerini öğrenmek istediğini söyler ve Robert'tan yardım ister. Robert, Paul'un bu Almanca kelimeleri öğrenmesine yardım eder. Çok zaman alır çünkü Robert iyi İngilizce konuşamaz. Robert utanır. Bazı basit tabirleri söyleyemez! Sonra Robert odasına gider ve İngilizce öğrenir.

under the table. There is some bread before the cat. The cat eats the bread. Robert hands the CDs to Paul. There is the best German music on the CDs. Paul wants to know the names of the German singers as well. Robert names his favorite singers. He names Blümchen, Nena and Herbert Grönemeyer. These names are new to Paul.

He listens to the CDs and then begins to sing the German songs! He likes these songs very much. Paul asks Robert to write the words of the songs. Robert writes the words of the best German songs for Paul. Paul says that he wants to learn the words of some songs and asks Robert to help. Robert helps Paul to learn the German words. It takes a lot of time because Robert cannot speak English well. Robert is ashamed. He cannot say some simple phrases! Then Robert goes to his room and learns English.

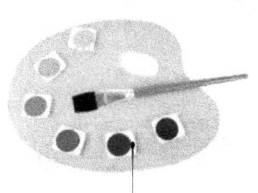

10

Paul tasarım hakkında ders kitapları alır

Paul buys textbooks on design

 A

Kelimeler

Words

1. açıklamak - explain
2. anadil - native language
3. bakmak - look
4. çalışmak, okumak - study
5. ders - lesson
6. ders kitabı - textbook
7. dil - language
8. fiyatı (miktar) olmak - cost
9. gerçekten - really
10. görmek - see
11. güle güle - bye
12. herhangi - any
13. iyi - fine
14. merhaba - hello
15. onu /ona - him
16. ödemek - pay
17. program - program
18. resim - picture

19. sadece - only
20. seçmek - choose
21. tasarım - design

22. tür - kind, type
23. üniversite - college

 **B**

Paul Kanadalı ve İngilizce onun anadili. O San Francisco'da üniversitede tasarım okuyor. Bugün Cumartesi ve Paul'un çok fazla boş vakti var. Tasarım hakkında bazı kitaplar almak istiyor. En yakın kitap mağazasına gider. Tasarım hakkında belki birkaç kitapları vardır. Mağazaya gelir ve kitaplı masalara bakar. Bir kadın Paul'a gelir. O bir satıcı. Satıcı ona "Merhaba. Size yardım edebilir miyim?" diye sorar.
"Merhaba," der Paul, "Ben üniversitede tasarım okuyorum. Bazı ders kitaplarına ihtiyacım var. Tasarım hakkında hiç kitabınız var mı?" diye ona sorar Paul. "Ne tür tasarım? Mobilya tasarımı, araba tasarımı, spor tasarımı, internet tasarımı hakkında bazı okuma kitaplarımız var," diye açıklar ona. Paul ona "Bana mobilya tasarımı ve internet tasarımı hakkında birkaç kitap gösterir misiniz?" der.
"Sonraki masalardan kitapları seçebilirsiniz. Onlara bakın. Bu İtalyan mobilya tasarımcısı Palatino'nun bir kitabı. Bu tasarımcı İtalyan mobilyasının tasarımını açıklar. O, Avrupa'nın ve ABD'nin de mobilya tasarımını açıklar. Orada birkaç iyi resim vardır," diye açıklar satıcı.
"Kitapta da bazı dersler olduğunu görüyorum. Bu kitap gerçekten iyi. Ne kadar?" diye ona sorar Paul
"Onun fiyatı 52 dolar. Ve kitapla bir CD elde edersiniz. CD'de mobilya tasarımı için bir bilgisayar programı vardır," diye ona açıklar satıcı.
"Gerçekten onu beğendim," der Paul.
"Orada internet tasarımı hakkında birkaç kitap görebilirsin," diye ona açıklar kadın, "Bu kitap bilgisayar programı Microsoft Office hakkında. Ve bu kitaplar bilgisayar programı Flash hakkında. Şu kırmızı kitaba bakın. O, Flash

Paul is Canadian and English is his native language. He studies design at college in San Francisco.
It is Saturday today and Paul has a lot of free time. He wants to buy some books on design. He goes to the nearby book shop. They may have some textbooks on design. He comes into the shop and looks at the tables with books. A woman comes to Paul. She is a shop assistant. "Hello. Can I help you?" the shop assistant asks him.
"Hello," Paul says, "I study design at college. I need some textbooks. Do you have any textbooks on design?" Paul asks her.
"What kind of design? We have some textbooks on furniture design, car design, sport design, internet design," she explains to him.
"Can you show me some textbooks on furniture design and internet design?" Paul says to her.
"You can choose the books from the next tables. Look at them. This is a book by Italian furniture designer Palatino. This designer explains the design of Italian furniture. He explains the furniture design of Europe and the USA as well. There are some fine pictures there," the shop assistant explains.
"I see there are some lessons in the book too. This book is really fine. How much is it?" Paul asks her.
"It costs 52 dollars. And with the book you have a CD. There is a computer program for furniture design on the CD," the shop assistant says to him.
"I really like it," Paul says.
"You can see some textbooks on internet design there," the woman explains to him, "This book is about the computer program Microsoft Office. And these books are about the computer program Flash. Look at this red

hakkında ve bazı ilginç derslere sahip. Seçin, lütfen."
"Bu kırmızı kitap ne kadar?" diye ona sorar Paul.
"Bu kitap, iki CD ile, sadece 43 dolar," der ona satıcı.
"Mobilya tasarımı hakkında Palatino'nun bu kitabını ve Flash hakkında bu kırmızı kitabı almak istiyorum. Onlara kaç para ödemeliyim?" diye sorar Paul.
"Bu iki kitap için 95 dolar ödemen gerekiyor," der ona satıcı. Paul öder. Sonra kitapları ve CDleri alır.
"Güle güle," der ona satıcı.
"Güle güle," der ona Paul ve gider.

book. It is about Flash and it has some interesting lessons. Choose, please."
"How much is this red book?" Paul asks her.
"This book, with two CDs, costs only 43 dollars," the shop assistant says to him.
"I want to buy this book by Palatino about furniture design and this red book about Flash. How much must I pay for them?" Paul asks.
"You need to pay 95 dollars for these two books," the shop assistant says to him.
Paul pays. Then he takes the books and the CDs.
"Bye," the shop assistant says to him.
"Bye," Paul says to her and goes.

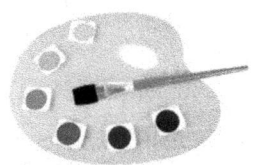

11

Robert biraz para kazanmak istiyor (bölüm 1)

Robert wants to earn some money (part 1)

A

Kelimeler

Words

1. anlamak - understand
2. bir tane daha - one more
3. bölüm - part
4. cevap - answer
5. cevaplamak - answer
6. çabuk, çabucak - quick, quickly
7. daha iyi - better
8. devam edecek - be continued
9. enerji - energy
10. genellikle - usually
11. gün - day; günlük - daily
12. kamyon - truck
13. kazanmak - earn; Saatte 10 dolar kazanırım. - I earn 10 dollars per hour.
14. kutu - box
15. liste - list
16. not - note
17. numara - number

18. olağan - usual
19. personel departmanı - personnel department
20. saat - hour; saat başı - hourly
21. saat - o'clock; Saat iki. - It is two o'clock.
22. son - finish; bitirmek - to finish
23. sonra - after
24. tamam, iyi - OK, well
25. taşıma - transport
26. yüklemek - load; yükleyici - loader
27. zor - hard

B

Robert'ın üniversiteden sonra günlük boş zamanı var. O biraz para kazanmak istiyor. O bir iş acentesine gider. Ona bir taşıma firmasının adresini verirler. Taşıma firması *Rapid*'in bir yükleyiciye ihtiyacı vardır. Bu iş gerçekten zor. Ancak saatlik 11 dolar öderler. Robert bu işi almak ister. Böylece taşıma firmasının ofisine gider.
"Merhaba. Bir iş acentesinden sizin için bir notum var," der Robert firmanın personel departmanındaki kadına. O, kadına notu verir.
"Merhaba," der kadın, "Benim adım Margaret Bird. Ben personel departmanının başıyım. Senin adın ne?"
"Benim adım Robert Genscher," der Robert.
"Sen Amerikalı mısın?" sorar Margaret.
"Hayır. Almanım," diye cevaplar Robert.
"İngilizceyi iyi konuşabiliyor ve okuyabiliyor musun?" diye sorar kadın.
"Evet, yapabilirim," der o.
"Kaç yaşındasın, Robert?" diye sorar kadın.
"Ben yirmi yaşındayım," diye cevaplar Robert.
Personal departmanının başı, "Taşıma firmasında yükleyici olarak çalışmak ister misin?" diye sorar ona.
Robert iyi İngilizce konuşamadığı için daha iyi bir işe sahip olamadığını söylemeye utanır. Bu yüzden der ki: "Saatte 11 dolar kazanmak istiyorum."
"Pekala," der Margaret, "Taşıma firmamızın genellikle çok yükleme işi yoktur. Ancak şimdi gerçekten bir yükleyiciye daha ihtiyacımız var. 20 kilogram yüklü kutuları çabucak yükleyebilir misin?"
"Evet, yükleyebilirim. Çok enerjim var," diye cevaplar Robert.
"Günlük üç saat için bir yükleyiciye ihtiyacımız

Robert has free time daily after college. He wants to earn some money. He heads to a job agency. They give him the address of a transport firm. The transport firm Rapid needs a loader. This work is really hard. But they pay 11 dollars per hour. Robert wants to take this job. So he goes to the office of the transport firm.
"Hello. I have a note for you from a job agency," Robert says to a woman in the personnel department of the firm. He gives her the note.
"Hello," the woman says, "My name is Margaret Bird. I am the head of the personnel department. What is your name?"
"My name is Robert Genscher" Robert says.
"Are you American?" Margaret asks.
"No. I am German," Robert answers.
"Can you speak and read English well?" she asks.
"Yes, I can," he says.
"How old are you, Robert?" she asks.
"I am twenty years old," Robert answers.
"Do you want to work at the transport firm as a loader?" the head of the personnel department asks him.
Robert is ashamed to say that he cannot have a better job because he cannot speak English well. So he says: "I want to earn 11 dollars per hour."
"Well-well," Margaret says, "Our transport firm usually does not have much loading work. But now we really need one more loader. Can you load quickly boxes with 20 kilograms of load?"
"Yes, I can. I have a lot of energy," Robert answers.

var. Saat dörtten yediye kadar çalışabilir misin?" diye sorar kadın.

"Evet, derslerim saat birde biter," diye ona cevaplar öğrenci.

Personal departmanının başı, "İşe ne zaman başlayabilirsin?" diye sorar ona.

"Şimdi başlayabilirim," diye cevaplar Robert.

"Peki. Bu yükleme listesine bak. Listede bazı firmaların be mağazaların isimleri var," diye açıklar Margaret, "Her firmanın mağazanın birkaç numarası vardır. Onlar kutuların numaralarıdır. Ve bunlar kutuları yüklemen gereken kamyonların numaralarıdır. Kamyonlar saat başı gelir ve giderler. Bu yüzden çabucak çalışman gerekiyor. Tamam mı?"

"Tamam," diye cevaplar Robert, Margaret'ı tam anlamadan.

Personel departmanı başı, "Şimdi bu yükleme listesini al ve üç numaralı yükleme kapısına git," der Robert'a. Robert yükleme listesini alır ve işe gider.

(devam edecek)

"We need a loader daily for three hours. Can you work from four to seven o'clock?" she asks.

"Yes, my lessons finish at one o'clock," the student answers to her.

"When can you begin the work?" the head of the personnel department asks him.

"I can begin now," Robert answers.

"Well. Look at this loading list. There are some names of firms and shops in the list," Margaret explains. "Every firm and shop has some numbers. They are numbers of the boxes. And these are numbers of the trucks where you must load these boxes. The trucks come and go hourly. So you need to work quickly. OK?"

"OK," Robert answers, not understanding Margaret well.

"Now take this loading list and go to the loading door number three," the head of the personnel department says to Robert. Robert takes the loading list and goes to work.

(to be continued)

12

Robert biraz para kazanmak istiyor (bölüm 2)

Robert wants to earn some money (part 2)

 A

Kelimeler

Words

1. anne - mom, mother
2. Bay - mister, Mr.
3. buluşmak, tanışmak - meet
4. burada - here is
5. buraya (yer) - here (a place)
6. buraya (yön) - here (a direction)
7. doğru, doğru olarak - correct, correctly; düzeltmek - to correct
8. geri - back
9. getirmek - bring

10. kalkmak - get up; Kalk! - Get up!
11. kötü - bad
12. memnun - glad
13. nefret etmek - hate
14. oğul - son
15. onların - their
16. öğretmen - teacher
17. pazartesi - Monday
18. sebep - reason
19. senin - your
20. senin yerine - instead of you
21. sürmek - drive
22. şoför - driver
23. üzgün olmak - be sorry; Üzgünüm. - I am sorry.
24. yanlış - incorrectly
25. yerine - instead of
26. yürümek - walk

B

Üç numaralı yükleme kapısında birçok kamyon var. Onlar yüklerini geri getirerek geri geliyorlar. Personel departmanı başı ve firma başı oraya gelir. Onlar Robert'a gelirler. Robert kutuları bir kamyona yüklüyor. O çabucak çalışıyor.
"Hey Robert! Lütfen, buraya gel," diye Margaret onu çağırır, "Bu firmanın başı, Bay Profit."
"Sizinle tanıştığıma memnun oldum," der Robert onlara gelerek.
"Ben de," diye cevaplar Bay Profit, "Senin yükleme listen nerede?"
"Burada," Robert ona yükleme listesini verir.
"Pekala," der Bay Profit listeye bakarken, "Şu kamyonlara bak. Yüklerini geri getirerek geri geliyorlar çünkü kutuları yanlış yüklüyorsun. Kitaplı kutular kitap mağazası yerine bir mobilya mağazasına gidiyor, video kasetli ve DVDli kutular video mağazası yerine bir kafeye gidiyor, ve sandviçli kutular kafe yerine bir video mağazasına gidiyor! Bu kötü iş! Üzgünüm ancak firmamızda çalışamazsın," der Bay Profit ve ofise geri yürür.
Robert kutuları doğru yükleyemiyor çünkü o çok az İngilizce kelime okuyabiliyor ve anlayabiliyor. Margaret ona bakar. Robert utanır.
"Robert, daha iyi İngilizce öğrenip geri gelebilirsin, tamam mı?" der Margaret.
"Tamam," diye cevaplar Robert, "Güle güle Margaret."
"Güle güle Robert," diye cevaplar Margaret. Robert eve yürür. Şimdi daha iyi İngilizce öğrenmek ve sonra yeni bir iş edinmek ister.

There are many trucks at the loading door number three. They are coming back bringing back their loads. The head of the personnel department and the head of the firm come there. They come to Robert. Robert is loading boxes in a truck. He is working quickly.
"Hey, Robert! Please, come here," Margaret calls him. "This is the head of the firm, Mr. Profit."
"I am glad to meet you," Robert says coming to them.
"I too," Mr. Profit answers, "Where is your loading list?"
"It is here," Robert gives him the loading list.
"Well-well," Mr. Profit says looking in the list, "Look at these trucks. They are coming back bringing back their loads because you load the boxes incorrectly. The boxes with books go to a furniture shop instead of the book shop, the boxes with videocassettes and DVDs go to a café instead of the video shop, and the boxes with sandwiches go to a video shop instead of the café! It is bad work! Sorry but you cannot work at our firm," Mr. Profit says and walks back to the office.
Robert cannot load boxes correctly because he can read and understand very few English words. Margaret looks at him. Robert is ashamed.
"Robert, you can learn English better and then come again. OK?" Margaret says.
"OK," Robert answers, "Bye Margaret."
"Bye Robert." Margaret answers.
Robert walks home. He wants to learn English better now and then take a new job.

Üniversiteye gitme vakti

Pazartesi sabahı bir anne oğlunu uyandırmak için odaya gelir.
"Uyan, saat yedi oldu. Üniversiteye gitme vakti!"
"Ama neden, anne? Gitmek istemiyorum."
"Neden gitmek istemediğinin iki sebebini bana söyle," der anne oğluna.
"Birincisi, öğrenciler benden nefret ediyor ve öğretmenler de benden nefret ediyor!"
"Ah, onlar üniversiteye gitmemenin sebepleri değil. Uyan!"
"Tamam. Üniversiteye neden gitmem gerektiğinin iki sebebini bana söyle," der o annesine.
"Pekala, birincisi, 55 yaşındasın. Ve ikincisi de, üniversitenin başısın! Şimdi uyan!"

It is time to go to college

Monday morning a mother comes into the room to wake up her son.
"Get up, it is seven o'clock. It is time to go to college!"
"But why, Mom? I don't want to go."
"Name me two reasons why you don't want to go," the mother says to the son.
"The students hate me for one and the teachers hate me too!"
"Oh, they are not reasons not to go to college. Get up!"
"OK. Name me two reasons why I must go to college," he says to his mother.
"Well, for one, you are 55 years old. And for two, you are the head of the college! Get up now!"

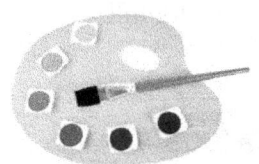

Pre-intermediate Level Course

13

Otelin adı

The name of the hotel

 A

Kelimeler

Words

1. açmak - open
2. akşam - evening
3. aptal - silly
4. aracılığıyla, -den geçerek - through
5. asansör - lift
6. aşağı - down
7. ayak - foot
8. ayakta durmak - stand
9. başka (bir) - another
10. bulmak - find
11. durmak - stop
12. gece - night
13. geçmiş - past
14. göl - lake
15. görmek - see
16. göstermek - show
17. gülümseme - smile; gülümsemek - to smile
18. ilan - advert
19. kızgın - angry
20. köprü - bridge
21. Polonya - Poland

22. sonra - then
23. sürpriz - surprise; şaşırtmak - to surprise
24. şaşırmış - surprised
25. şimdi, şu an - now
26. taksi - taxi
27. taksi şoförü - taxi driver
28. uyumak - sleep
29. uzak, uzağa - away
30. üzerinden, üstünden - over, across
31. yayan - on foot
32. yine - again
33. yol - way
34. yorgun - tired
35. yuvarlak, etrafından - round
36. yürümek - walk
37. zaten - already

B

Bu bir öğrenci. Onun adı Kasper. Kasper Polonyalı. O İngilizce konuşamıyor. O, ABD'de bir üniversitede İngilizce öğrenmek istiyor. Kasper şimdi San Francisco'da bir otelde yaşıyor.
O şu an kendi odasında. Haritaya bakıyor. Harita çok iyi. Kasper haritadaki caddeleri, meydanları ve mağazaları görür. O, odanın dışına çıkar ve uzun koridor aracılığıyla asansöre gider. Asansör onu aşağıya indirir. Kasper büyük salondan geçerek otelin dışına gider.
Otelin yakınında durur ve otelin ismini defterine yazar.
Otelde yuvarlak bir meydan ve bir göl vardır. Kasper meydan üzerinden göle gider. O, gölün etrafından köprüye yürür. Birçok araba, kamyon ve insan köprünün üstünden geçer. Kasper köprünün altından geçer. Sonra şehir merkezine giden bir caddede yürür. Birçok güzel binanın yanından geçer.
Akşam olmuş bile. Kasper yorgun ve otele geri dönmek ister. Bir taksi durdurur, defterini açar ve otelin ismini taksi şoförüne gösterir. Taksi şoförü deftere bakar, gülümser, ve arabayla uzaklaşır.
Kasper bunu anlayamaz. O durur ve defterine bakar. Sonra o başka bir taksi durdurur ve yine otelin ismini taksi şoförüne gösterir. Şoför deftere bakar. Sonra Kasper'e bakar, gülümser ve o da arabayla uzaklaşır.
Kasper şaşırmıştır. Başka bir taksi durdurur. Ancak bu taksi de uzaklaşır. Kasper bunu

This is a student. His name is Kasper. Kasper is from Poland. He cannot speak English. He wants to learn English at a college in the USA. Kasper lives in a hotel in San Francisco now.
He is in his room now. He is looking at the map. This map is very good. Kasper sees streets, squares and shops on the map. He goes out of the room and through the long corridor to the lift. The lift takes him down. Kasper goes through the big hall and out of the hotel. He stops near the hotel and writes the name of the hotel into his notebook.
There is a round square and a lake at the hotel. Kasper goes across the square to the lake. He walks round the lake to the bridge. Many cars, trucks and people go over the bridge. Kasper goes under the bridge. Then he walks along a street to the city centre. He goes past many nice buildings.
It is evening already. Kasper is tired and he wants to go back to the hotel. He stops a taxi, then opens his notebook and shows the name of the hotel to the taxi driver. The taxi driver looks in the notebook, smiles and drives away. Kasper cannot understand it. He stands and looks in his notebook. Then he stops another taxi and shows the name of the hotel to the taxi driver again. The driver looks in the notebook. Then he looks at Kasper, smiles and drives away too.
Kasper is surprised. He stops another taxi. But this taxi drives away too. Kasper cannot understand it. He is surprised and angry. But he is not silly. He opens his map and finds the

anlayamaz. Şaşırmıştır ve kızgındır. Ancak aptal değildir. Haritasını açar ve otelin yolunu bulur. Otele yayan geri döner.
Gecedir. Kasper yatağındadır. O uyuyor. Yıldızlar pencere aracılığıyla odaya bakıyor. Defter masada. Defter açık. "Ford en iyi arabadır". Bu otelin ismi değildir. Bu otel binasındaki bir ilandır.

way to the hotel. He comes back to the hotel on foot.
It is night. Kasper is in his bed. He is sleeping. The stars are looking into the room through the window. The notebook is on the table. It is open. "Ford is the best car". This is not the name of the hotel. This is an advert on the building of the hotel.

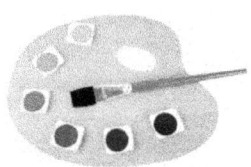

14

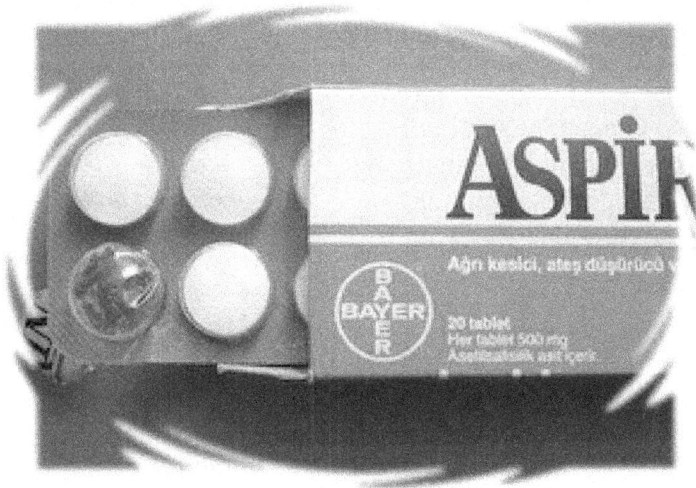

Aspirin

Aspirin

Kelimeler

Words

1. (bir yere) gitmek - get (somewhere)
2. (birşey) almak - get (something)
3. (kağıt) yaprak - sheet (of paper)
4. akıllı - smart
5. ara, mola - break, pause
6. aspirin - aspirin
7. beyaz - white
8. bir sınavı geçmek - to pass a test
9. bir şey - something
10. biraz, birkaç - some
11. cevap - answer
12. çocuk - guy
13. denemek - try
14. düşünmek - think
15. eczane - pharmacy
16. elbette - of course
17. -en, -dığı - that (conj)
18. geçe - past
19. genellikle - often
20. görev - task
21. gri - grey
22. hap - pill
23. için - for
24. kağıt - paper
25. kimya - chemistry
26. kimyasal - chemical (adj)
27. kimyasallar - chemicals
28. kokmuş - stinking
29. kristal - crystal
30. masa - desk
31. muhteşem - wonderful
32. on - ten

33. oturmak - sit down
34. öğrenci yurdu - dorms
35. saat - watch
36. saat birde - at one o'clock
37. sekiz buçukta - at half past eight
38. sınav - test; test etmek - to test
39. sınıf - classroom
40. sonunda - at last
41. yarım - half

B

Bu Robert'ın arkadaşı. Onun adı Paul. Paul Kanadalı. İngilizce onun anadili. O Fransızcayı da çok iyi konuşur. Paul öğrenci yurdunda yaşar. Paul şimdi odasında. Paul'un bugün kimya sınavı var. O saatine bakıyor. Saat sekiz. Gitme vakti.
Paul dışarı çıkar. O, üniversiteye gider. Üniversite öğrenci yurtlarının yakınındadır. Onun üniversiteye gitmesi yaklaşık on dakika sürer. Paul kimya sınıfına gelir. Kapıyı açar ve sınıfa bakar. Orada birkaç öğrenci ve öğretmen vardır. Paul sınıfa gelir.
"Merhaba," der o.
"Merhaba," öğretmen ve öğrenciler cevaplar. Paul sırasına gelir ve oturur. Kimya sınavı sekiz buçukta başlar. Öğretmen Paul'un sırasına gelir.
"İşte görevin," der öğretmen. Sonra Paul'a görevle bir kağıt yaprağı verir, "Aspirin yapmalısın. Sekiz buçuktan saat onikiye kadar çalışabilirsin. Başla, lütfen," der öğretmen.
Paul bu görevi bilir. Birkaç kimyasal alır ve başlar. On dakika boyunca çalışır. Sonunda gri ve kokan bir şey elde eder. Bu iyi aspirin değildir. Paul büyük beyaz aspirin kristalleri elde etmesi gerektiğini bilir. Sonra tekrar ve tekrar dener. Paul bir saat boyunca çalışır ama yine gri ve kokan bir şey elde eder.
Paul sinirli ve yorgun. O bunu anlayamıyor. Durur ve biraz düşünür. Paul akıllı bir çocuk. Bir dakika boyunca düşünür ve sonra cevabı bulur! Ayağa kalkar.
"On dakikalık ara verebilir miyim?" Paul öğretmene sorar.
"Tabii ki, verebilirsin," cevaplar öğretmen.
Paul dışarı çıkar. Üniversitenin yakınında bir

This is Robert's friend. His name is Paul. Paul is from Canada. English is his native language. He can speak French very well too. Paul lives in the dorms. Paul is in his room now. Paul has a chemistry test today. He looks at his watch. It is eight o'clock. It is time to go.
Paul goes outside. He goes to the college. The college is near the dorms. It takes him about ten minutes to go to the college. Paul comes to the chemical classroom. He opens the door and looks into the classroom. There are some students and the teacher there. Paul comes into the classroom.
"Hello," he says.
"Hello," the teacher and the students answer. Paul comes to his desk and sits down. The chemistry test begins at half past eight. The teacher comes to Paul's desk.
"Here is your task," the teacher says. Then he gives Paul a sheet of paper with the task. "You must make aspirin. You can work from half past eight to twelve o'clock. Begin, please," the teacher says.
Paul knows this task. He takes some chemicals and begins. He works for ten minutes. At last he gets something grey and stinking. This is not good aspirin. Paul knows that he must get big white crystals of aspirin. Then he tries again and again. Paul works for an hour but he gets something grey and stinking again.
Paul is angry and tired. He cannot understand it. He stops and thinks a little. Paul is a smart guy. He thinks for a minute and then finds the answer! He stands up.
"May I have a break for ten minutes?" Paul asks the teacher.
"Of course, you may," the teacher answers. Paul goes outside. He finds a pharmacy near the college. He comes in and buys some pills of

eczane bulur. İçeri girer ve birkaç aspirin hapı alır. On dakika sonra sınıfa geri gelir. Öğrenciler oturur ve çalışır. Paul oturuyor. Paul öğretmene beş dakika içinde "Sınavı bitirebilir miyim?" der.
Öğretmen Paul'un sırasına gelir. Büyük beyaz aspirin kristalleri görür. Öğretmen şaşkınlıkla durur. Bir dakika boyunca ayakta dikilip aspirine bakar.
"Bu muhteşem! Aspirinin çok iyi! Ancak bunu anlayamıyorum! Genellikle aspirin elde etmeye çalışırım ve gri ve kokan bir şey elde ederim," der öğretmen, "Sınavı geçtin," der.
Paul sınavdan sonra ayrılır. Öğretmen Paul'un masasında beyaz bir şey görür. Sıraya gelir ve aspirin haplarından kağıt bulur.
"Akıllı çocuk. Tamam, Paul. Şimdi bir sorunun var," der öğretmen.

aspirin. In ten minutes he comes back to the classroom. The students sit and work. Paul sits down.
"May I finish the test?" Paul says to the teacher in five minutes.
The teacher comes to Paul's desk. He sees big white crystals of aspirin. The teacher stops in surprise. He stands and looks at aspirin for a minute.
"It is wonderful! Your aspirin is so nice! But I cannot understand it! I often try to get aspirin and I get only something grey and stinking." the teacher says, "You passed the test," he says.
Paul goes away after the test. The teacher sees something white at Paul's desk. He comes to the desk and finds the paper from the aspirin pills.
"Smart guy. Ok, Paul. Now you have a problem," the teacher says.

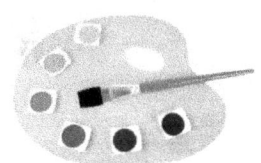

15

Nancy ve kanguru

Nancy and the kangaroo

A

Kelimeler

Words

1. -alım /-elim - let us
2. aslan - lion
3. bağırmak, ağlamak - cry
4. beni, bana, benden - me
5. beraber - together
6. bize, bizi, bizden - us
7. çekmek - pull
8. dondurma - ice-cream
9. geniş, genişçe - wide, widely
10. güçlü, güçle - strong, strongly
11. hayvanat bahçesi - zoo
12. Hey! - Hey!
13. ıslak - wet
14. kanguru - kangaroo

15. kaplan - tiger
16. kitaplık - bookcase
17. kova - pail
18. kulak - ear
19. kuyruk - tail
20. maymun - monkey
21. mutlu - happy
22. Ne zaman, -dığı - when
23. ne, hangi - what; Bu ne? - What is this?; Hangi masa? - What table?
24. okumak, çalışmak - study
25. onun - its (for neuter)
26. oyuncak - toy
27. oyuncak bebek - doll
28. plan - plan; planlamak - to plan
29. rahatsız etmek, zahmet etmek - bother
30. saç - hair
31. sessizce - quietly
32. sonbahar - fall; düşmek - to fall
33. su - water
34. tamam, iyi - okay, well
35. tamamen - full
36. vurmak - hit, beat
37. yıl - year
38. zavallı - poor
39. zebra - zebra

B

Robert şimdi bir öğrenci. O bir üniversitede okuyor. O İngilizce okuyor. Robert öğrenci yurdunda yaşar. O, Paul'un yanındaki evde yaşar. Robert şimdi odasında. Telefonu alır ve arkadaşı David'i arar.
"Alo," David çağrıya cevap verir.
"Merhaba David. Ben Robert. Nasılsın?" der Robert.
"Merhaba Robert. İyiyim. Teşekkürler. Ve sen nasılsın?" diye cevaplar David.
"Ben de iyiyim. Teşekkürler. Bir yürüyüşe çıkacağım. Bugünkü planların neler?" der Robert.
"Kız kardeşim Nancy benden onu hayvanat bahçesine götürmemi istiyor. Şimdi onu oraya götüreceğim. Beraber gidelim," der David.
"Tamam. Seninle gideceğim. Nerede buluşacağız?" diye sorar Robert.
"Olympic otobüs durağında buluşalım. Ve Paul'a da bizimle gelmesini söyle," der David.
"Tamam. Güle güle," diye cevaplar Robert.
"Görüşürüz. Güle güle," der David
Sonra Robert Paul'un odasına gider. Paul odasındadır.
"Merhaba," der Robert.
"Oh, merhaba Robert. İçeri gir, lütfen," der Paul.
Robert içeri girer.
"David, onun kız kardeşi ve ben hayvanat bahçesine gideceğiz. Bizimle beraber gider

Robert is a student now. He studies at a college. He studies English. Robert lives at the dorms. He lives next door to Paul's. Robert is in his room now. He takes the telephone and calls his friend David.
"Hello." David answers the call.
"Hello David. It is Robert here. How are you?" Robert says.
"Hello Robert. I am fine. Thanks. And how are you?" David answers.
"I am fine too. Thanks. I will go for a walk. What are your plans for today?" Robert says.
"My sister Nancy asks me to take her to the zoo. I will take her there now. Let us go together," David says.
"Okay. I will go with you. Where will we meet?" Robert asks.
"Let us meet at the bus stop Olympic. And ask Paul to come with us too," David says.
"Okay. Bye," Robert answers.
"See you. Bye," David says.
Then Robert goes to Paul's room. Paul is in his room.
"Hello," Robert says.
"Oh, hello Robert. Come in, please," Paul says. Robert comes in.
"David, his sister and I will go to the zoo. Will you go together with us?" Robert asks.
"Of course, I will go too!" Paul says.

misin?" diye sorar Robert.
"Tabii ki, ben de gideceğim!" der Paul.
Robert ve Paul Olympic otobüs durağına arabayla giderler. Orada David ve kız kardeşi Nancy'yi görürler.
David'in kız kardeşi sadece beş yaşında. O, küçük bir kız ve o enerji dolu. O, hayvanları çok sever. Ama Nancy hayvanların oyuncak olduğunu düşünür. Hayvanlar ondan kaçar çünkü o, hayvanları çok rahatsız eder. O kuyruklarını veya kulaklarını çekebilir, bir elle veya bir oyuncakla vurabilir. Nancy'nin evde bir köpeği ve bir kedisi vardır. Nancy evdeyken köpek bir yatağın altındadır ve kedi kitaplığın üstünde oturur. Böylece o onlara ulaşamaz.
Nancy, David, Robert ve Paul hayvanat bahçesine gelirler.
Hayvanat bahçesinde birçok hayvan vardır. Nancy çok mutludur. O, aslana ve kaplana koşar. Oyuncak bebeğiyle zebraya vurur. Bir maymunun kuyruğunu o kadar güçle çeker ki tüm maymunlar ağlayarak kaçarlar. Sonra Nancy bir kanguru görür. Kanguru bir kovadan su içiyordur. Nancy gülümser ve kanguruya sessizce gelir. Ve sonra…
Nancy "Hey!! Kanguru-uu-uu!!" diye bağırır ve onun kuyruğunu çeker. Kanguru Nancy'ye gözlerini genişçe açarak bakar. Şaşkınlıkla zıplar böylece su dolu kova havaya uçar ve Nancy'nin üzerine düşer. Onun saçından, yüzünden ve elbisesinden su akar. Nancy tamamen ıslaktır.
"Sen kötü bir kangurusun! Kötü!" diye ağlar. Bazı insanlar gülümser ve bazıları der:
"Zavallı kız."
David Nancy'yi eve götürür.
"Hayvanları rahatsız etmemelisin," der David ve ona bir dondurma verir. Nancy dondurmayı yer.
"Tamam. Çok büyük ve kızgın hayvanlarla oynamayacağım," diye düşünür Nancy, "Sadece küçük hayvanlarla oynayacağım." O yine mutlu.

Robert and Paul drive to the bus stop Olympic. They see David and his sister Nancy there.
David's sister is only five years old. She is a little girl and she is full of energy. She likes animals very much. But Nancy thinks that animals are toys. The animals run away from her because she bothers them very much. She can pull tail or ear, hit with a hand or with a toy. Nancy has a dog and a cat at home. When Nancy is at home the dog is under a bed and the cat sits on the bookcase. So she cannot get them.
Nancy, David, Robert and Paul come into the zoo.
There are many animals in the zoo. Nancy is very happy. She runs to the lion and to the tiger. She hits the zebra with her doll. She pulls the tail of a monkey so strong that all the monkeys run away crying. Then Nancy sees a kangaroo. The kangaroo drinks water from a pail. Nancy smiles and comes to the kangaroo very quietly. And then...
"Hey!! Kangaroo-oo-oo!!" Nancy cries and pulls its tail. The kangaroo looks at Nancy with wide open eyes. It jumps in surprise so that the pail with water flies up and falls on Nancy. Water runs down her hair, her face and her dress. Nancy is all wet.
"You are a bad kangaroo! Bad!" she cries. Some people smile and some people say: "Poor girl."
David takes Nancy home.
"You must not bother the animals," David says and gives an ice-cream to her. Nancy eats the ice-cream.
"Okay. I will not play with very big and angry animals," Nancy thinks, "I will play with little animals only." She is happy again.

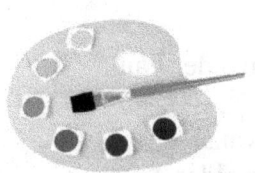

16

Paraşütçüler

Parachutists

Kelimeler

Words

1. baba - daddy
2. bölüm - part
3. bu arada - by the way
4. ceket - jacket
5. çatı - roof
6. diğer - other
7. dokuz - nine
8. doldurulmuş - stuffed; doldurulmuş paraşütçü - stuffed parachutist
9. düşen - falling
10. eğer, -se /-sa - if
11. eğitmek - train; eğitimli - trained
12. gerçek - real
13. giyinmiş - dressed
14. giymek - put on

15. giysi - clothes
16. hareket, numara - trick
17. harika - great
18. hava - air
19. hayat - life
20. hayat kurtarma numarası - life-saving trick
21. hazırlamak, hazırlanmak - prepare
22. iç, içinde - inside
23. inanmak - believe; gözlerine inanamamak - to not believe one's eyes
24. inmek - get off
25. itmek - push
26. kapatmak - close
27. kara, karaya inmek - land
28. kendi - own
29. kırmızı - red
30. koltuk - seat; (bir yere) oturmak - take a seat
31. kulüp - club
32. kurtarmak - save
33. lastik - rubber
34. metal - metal
35. olmak - be
36. pantolon - trousers
37. paraşüt - parachute
38. paraşütçü - parachutist
39. pilot - pilot
40. sadece - just
41. sarı - yellow
42. sessiz, sessizce - silent, silently
43. seyirciler - audience
44. sinirle - angrily
45. sonra - after
46. takım - team
47. uçak - airplane
48. uçak gösterisi - airshow
49. üye - member
50. üzerinden, üstünden - over
51. yakalamak - catch
52. yapmak - do

B

Sabahtır. Robert Paul'un odasına gelir. Paul masada oturuyor ve bir şey yazıyor. Paul'un kedisi Favorite Paul'un yatağında. Sessizce uyuyor.
"Gelebilir miyim?" diye sorar Robert.
"Oh, Robert. Lütfen gel. Nasılsın?" diye cevaplar Paul.
"İyiyim. Teşekkürler. Sen nasılsın?" der Robert.
"İyiyim. Teşekkürler. Otur, lütfen," diye cevaplar Paul.
Robert bir sandalyede oturur.
"Biliyorsun ki bir paraşüt kulübünün üyesiyim. Bugün bir uçak gösterimiz var," der Robert, "Orada birkaç atlayış yapacağım."
"Çok ilginç," diye cevaplar Paul, "Uçak gösterisini görmeye gelebilirim."
"İstersen seni oraya götürebilirim ve sen bir uçakta uçabilirsin," der Robert.
"Gerçekten mi? Bu harika olur!" diye bağırır Paul, "Uçak gösterisi ne zaman?"
"Sabah saat onda başlar," diye cevaplar Robert,

It is morning. Robert comes to Paul's room. Paul is sitting at the table and writing something. Paul's cat Favorite is on Paul's bed. It is sleeping quietly.
"May I come in?" Robert asks.
"Oh, Robert. Come in please. How are you?" Paul answers.
"Fine. Thanks. How are you?" Robert says.
"I am fine. Thanks. Sit down, please," Paul answers.
Robert sits on a chair.
"You know I am a member of a parachute club. We are having an airshow today," Robert says. "I am going to make some jumps there."
"It is very interesting," Paul answers, "I may come to see the airshow."
"If you want I can take you there and you can fly in an airplane," Robert says.
"Really? That will be great!" Paul cries, "What time is the airshow?"
"It begins at ten o'clock in the morning,"

"David de gelecek. Bu arada doldurulmuş bir paraşütçüyü uçaktan dışarı itmemiz için yardım gerekiyor. Yardım eder misin?"
Paul şaşkınlıkla "Doldurulmuş bir paraşütçü mü? Neden?" der.
"Görüyorsun, bu gösterinin bir parçası," der Robert, "Bu bir hayat kurtarma numarası. Doldurulmuş paraşütçü düşer. Aynı zamanda gerçek bir paraşütçü ona uçar, onu yakalar ve kendi paraşütünü açar. "Adam" kurtarılmış olur!"
"Harika!" diye cevaplar Paul, "Yardım edeceğim. Hadi gidelim!"
Paul ve Robert dışarı çıkarlar. Olympic otobüs durağına gelirler ve bir otobüse binerler. Uçak gösterisine gitmek sadece on dakika sürer.
Otobüsten indiklerinde, David'i görürler.
"Merhaba David," der Robert, "Hadi uçağa gidelim."
Uçakta bir paraşüt takımı görürler. Takımın başına gelirler. Takımın başı kırmızı pantolon ve kırmızı bir ceket giymiştir.
"Merhaba Martin," der Robert, "Paul ve David hayat kurtarma numarasına yardım edecekler."
"Tamam. Doldurulmuş paraşütçü burada," der Martin. Onlara doldurulmuş paraşütçüyü verir. Doldurulmuş paraşütçü kırmızı pantolon ve kırmızı bir ceket giymiştir.
"Senin gibi giyinmiş," der David Martin'e gülümseyerek.
"Onun hakkında konuşmak için zamanımız yok," der Martin, "Onu bu uçağa götürün."
Paul ve David doldurulmuş paraşütçüyü uçağa götürürler. Pilotta bir yere otururlar. Başları hariç tüm paraşüt takımı uçağa biner. Kapıyı kapatırlar. Beş dakika içinde uçak havadadır. San Francisco üzerinden uçtuğunda David kendi evini görür.
"Bakın! Evim orada!" diye bağırır David.
Paul pencereden şehrin caddelerine, meydanlarına ve parklarına bakar. Bir uçakta uçmak muhteşemdir.
Pilot "Zıplamaya hazırlanın!" diye bağırır.
Paraşütçüler ayağa kalkarlar. Kapıyı açarlar.
"On, dokuz, sekiz, yedi, altı, beş, dört, üç, iki, bir. Atla!" diye bağırır pilot. Paraşütçüler uçaktan

Robert answers, "David will come too. By the way we need help to push a stuffed parachutist out of the airplane. Will you help?"
"A stuffed parachutist? Why?" Paul says in surprise.
"You see, it is a part of the show," Robert says, "This is a life-saving trick. The stuffed parachutist falls down. At this time a real parachutist flies to it, catches it and opens his own parachute. The "man" is saved!"
"Great!" Paul answers. "I will help. Let's go!"
Paul and Robert go outside. They come to the bus stop Olympic and take a bus. It takes only ten minutes to go to the airshow.
When they get off the bus, they see David.
"Hello David," Robert says, "Let's go to the airplane."
They see a parachute team at the airplane. They come to the head of the team. The head of the team is dressed in red trousers and a red jacket.
"Hello Martin," Robert says, "Paul and David will help with the life-saving trick."
"Okay. The stuffed parachutist is here," Martin says. He gives them the stuffed parachutist. The stuffed parachutist is dressed in red trousers and a red jacket.
"It is dressed like you," David says smiling to Martin.
"We have no time to talk about it," Martin says, "Take it into this airplane."
Paul and David take the stuffed parachutist into the airplane. They take seats at the pilot. All the parachute team but its head gets into the airplane. They close the door. In five minutes the airplane is in the air. When it flies over San Francisco David sees his own house.
"Look! My house is there!" David cries.
Paul looks through the window at streets, squares, and parks of the city. It is wonderful to fly in an airplane.
"Prepare to jump!" the pilot cries. The parachutists stand up. They open the door.
"Ten, nine, eight, seven, six, five, four, three, two, one. Go!" the pilot cries.

atlamaya başlarlar. Karadaki seyirciler kırmızı, yeşil, beyaz, mavi ve sarı paraşütler görürler. Çok iyi görünür. Martin, paraşüt takımının başı da yukarı bakıyordur. Paraşütçüler aşağı uçuyorlar ve bazıları iniyor bile.
"Tamam. İyi iş çocuklar," der Martin ve biraz kahve içmek için yakındaki kafeye gider.
Uçak gösterisi devam eder.
"Hayat kurtarma numarasına hazırlanın!" diye bağırır pilot.
David ve Paul doldurulmuş paraşütçüyü kapıya götürürler.
"On, dokuz, sekiz, yedi, altı, beş, dört, üç, iki, bir. Atla!" diye bağırır pilot.
Paul ve David doldurulmuş paraşütçüyü kapıdan iterler. Dışarı çıkar ancak sonra durur. Lastik "eli" uçağın bir metal parçasına yakalanır.
"Gidin çocuklar!" diye bağırır pilot.
Oğlanlar doldurulmuş paraşütçüyü çok güçlü bir şekilde iterler ancak çıkaramazlar.
Karadaki seyirciler uçak kapısında kırmızı giyinmiş bir adam görürler. Diğer iki adam onu itmeye çalışıyorlardır. İnsanlar gözlerine inanamaz. Bir dakika boyunca devam eder. Sonra kırmızılı paraşütçü aşağı düşer. Bir diğer paraşütçü uçaktan dışarı atlar ve onu yakalamaya çalışır. Ancak bunu yapamaz. Kırmızılı paraşütçü düşer. Çatıdan kafenin içine düşer. Seyirciler sessizce bakarlar. Sonra insanlar kırmızı giyinmiş bir adamın kafenin dışına koştuğunu görürler. Kırmızılı adam Martindir, paraşütçü takımının başı. Ancak seyirciler onun o düşen paraşütçü olduğunu sanır. O yukarı bakar ve sinirle bağırır,
"Eğer bir adamı yakalayamıyorsanız o zaman denemeyin!"
Seyirci sessizdir.
"Baba, bu adam çok güçlü," der küçük kız babasına.
"O iyi eğitimli," diye cevaplar babası.
Uçak gösterisinden sonra Paul ve David Robert'a giderler.
"İşimiz nasıl?" diye sorar David.
"Ah... Oh, çok iyi. Teşekkür ederim," diye cevaplar Robert.

The parachutists begin to jump out of the airplane. The audience down on the land sees red, green, white, blue, yellow parachutes. It looks very nice. Martin, the head of the parachute team is looking up too. The parachutists are flying down and some are landing already.
"Okay. Good work guys," Martin says and goes to the nearby café to drink some coffee.
The airshow goes on.
"Prepare for the life-saving trick!" the pilot cries.
David and Paul take the stuffed parachutist to the door.
"Ten, nine, eight, seven, six, five, four, three, two, one. Go!" the pilot cries.
Paul and David push the stuffed parachutist through the door. It goes out but then stops. Its rubber "hand" catches on some metal part of the airplane.
"Go-go boys!" the pilot cries.
The boys push the stuffed parachutist very strongly but cannot get it out.
The audience down on the land sees a man dressed in red in the airplane door. Two other men are trying to push him out. People cannot believe their eyes. It goes on about a minute. Then the parachutist in red falls down. Another parachutist jumps out of the airplane and tries to catch it. But he cannot do it. The parachutist in red falls down. It falls through the roof inside of the café. The audience looks silently. Then the people see a man dressed in red run outside of the café. This man in red is Martin, the head of the parachutist team. But the audience thinks that he is that falling parachutist. He looks up and cries angrily,
"If you cannot catch a man then do not try it!"
The audience is silent.
"Daddy, this man is very strong," a little girl says to her dad.
"He is well trained," the dad answers.
After the airshow Paul and David go to Robert.
"How is our work?" David asks.

"Eğer yardıma ihtiyacın olursa sadece söyle," der Paul.

"Ah... Oh, it is very good. Thank you," Robert answers.
"If you need some help just say," Paul says.

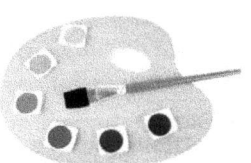

17

Gazı kapat!

Turn the gas off!

Kelimeler

Words

1. açmak - turn on
2. an - moment
3. ana okulu - kindergarten
4. aniden - suddenly
5. ateş, yangın - fire
6. bilet - ticket
7. bu sırada - meanwhile
8. bu yüzden - so
9. çabuk, çabucak - quick, quickly
10. çalma sesi - ring
11. demiryolu istasyonu - railway station
12. dikkatli - careful
13. doldurmak - fill up
14. donakalmak - freeze
15. dönmek, çevirmek - turn
16. emretmek - order
17. gaz - gas
18. hemen - immediately
19. her şey - everything
20. hissederek - feeling
21. ısınmak - warm up
22. istemek, dilemek - will
23. kapatmak - turn off
24. kedicik - pussycat
25. kırk dört - forty-four
26. kilometre - kilometer
27. kim - who
28. musluk - tap
29. onbir - eleven
30. sekreter - secretary

31. ses - voice
32. sıcak - warm
33. sinsi, sinsice - sly, slyly
34. soluk - pale
35. söylemek, demek - tell, say
36. su ısıtıcı - kettle
37. telefon ahizesi - phone handset

38. tren - train
39. unutmak - forget
40. yabancı - strange
41. yaşayan - living
42. yaymak - spread
43. yirmi - twenty

B

Saat sabahın yedisi. David ve Nancy uyuyorlar. Anneleri mutfakta. Annenin adı Linda. Linda kırk dört yaşında. O dikkatli bir kadın. Linda işe gitmeden önce mutfağı temizler. O bir sekreter. O San Francisco'dan yirmi kilometre uzakta çalışır. Linda genellikle işe trenle gider.
O dışarı çıkar. Demiryolu istasyonu yakındadır, bu yüzden Linda oraya yayan gider. Bir bilet alır ve bir trene biner. İşe gitmesi yaklaşık yirmi dakika sürer. Linda trende oturur ve pencereden dışarı bakar. Aniden donakalır. Su ısıtıcı! Ocakta duruyor ve o gazı kapatmayı unutmuş! David ve Nancy uyuyorlar. Ateş mobilyalara yayılabilir ve sonra… Linda'nın rengi atar. Ancak o akıllı bir kadındır ve bir dakikada ne yapması gerektiğini bilir. Yanında oturan, bir kadına ve adama, evini telefon etmesini ve David'e su ısıtıcıyı söylemesini ister.
Bu sırada David uyanır, elini yüzünü yıkar ve mutfağa gider. Su ısıtıcıyı masadan alır, suyla doldurur ve ocağa koyar. Sonra ekmeği ve tereyağını alıp sandviç yapar. Nancy mutfağa gelir. "Kediciğim nerde?" diye sorar.
"Bilmiyorum," diye cevaplar David. "Banyoya git ve yüzünü yıka. Şimdi biraz çay içip sandviç yiyeceğiz. Sonra seni ana okuluna götüreceğim."
Nancy elini yüzünü yıkamak istemez.
"Musluğu açamıyorum," der sinsice.
"Sana yardım edeceğim," der kardeşi. O anda telefon çalar. Nancy çabucak telefona koşar ve ahizeyi alır.

It is seven o'clock in the morning. David and Nancy are sleeping. Their mother is in the kitchen. The mother's name is Linda. Linda is forty-four years old. She is a careful woman. Linda cleans the kitchen before she goes to work. She is a secretary. She works twenty kilometers away from San Francisco. Linda usually goes to work by train.
She goes outside. The railway station is nearby, so Linda goes there on foot. She buys a ticket and gets on a train. It takes about twenty minutes to go to work. Linda sits in the train and looks out of the window.
Suddenly she freezes. The kettle! It is standing on the cooker and she forgot to turn the gas off! David and Nancy are sleeping. The fire can spread on the furniture and then… Linda turns pale. But she is a smart woman and in a minute she knows what to do. She asks a woman and a man, who sit nearby, to telephone her home and tell David about the kettle.
Meanwhile David gets up, washes and goes to the kitchen. He takes the kettle off the table, fills it up with water and puts it on the cooker. Then he takes bread and butter and makes sandwiches. Nancy comes into the kitchen.
"Where is my little pussycat?" she asks.
"I do not know," David answers. "Go to the bathroom and wash your face. We will drink some tea and eat some sandwiches now. Then I will take you to the kindergarten."
Nancy does not want to wash. "I cannot turn on the water tap," she says slyly.
"I will help you," her brother says. At this moment the telephone rings. Nancy runs quickly to the telephone and takes the handset.
"Hello, this is the zoo. And who are you?" she

"Alo, bu hayvanat bahçesi. Ve siz kimsiniz?" der. David ahizeyi ondan alır ve der, "Alo. Ben David."
"Sen eleven Queen caddesinde yaşayan David Tweeter misin?" diye sorar yabancı bir kadının sesi.
"Evet," diye cevaplar David.
"Hemen mutfağa git ve gazı kapat!" diye bağırır kadının sesi.
"Sen kimsin? Neden gazı kapatmalıyım?" der David şaşkınlıkla.
"Şimdi yap!" diye emreder ses.
David gazı kapatır. Nancy ve David şaşkınlıkla su ısıtıcıya bakarlar.
"Anlamıyorum," der David, "Bu kadın çay içeceğimizi nerden biliyor?"
"Ben açım," der kız kardeşi, "Ne zaman yiyeceğiz?"
"Ben de açım," der David ve gazı yine açar. Bu dakikada telefon yeniden çalar.
"Alo," der David.
"Sen eleven Queen caddesinde yaşayan David Tweeter misin?" diye sorar yabancı bir adamın sesi.
"Evet," diye cevaplar David.
"Ocağın gazını hemen kapat! Dikkatli ol!" diye emreder ses.
"Tamam," der David ve yine gazı kapatır.
David bugün çay içmeyeceklerini hissederek "Hadi ana okuluna gidelim," der Nancy'ye.
"Hayır. Biraz çay ve tereyağlı ekmek istiyorum," der Nancy öfkeyle.
"Pekala, su ısıtıcıyı yine ısıtmayı deneyelim," der erkek kardeşi ve gazı açar.
Telefon çalar ve bu sefer anneleri gazı kapatmalarını emreder. Sonra her şeyi açıklar. Sonunda Nancy ve David çay içerler ve ana okuluna giderler.

says. David takes the handset from her and says, "Hello. This is David."
"Are you David Tweeter living at eleven Queen street?" the voice of a strange woman asks.
"Yes," David answers.
"Go to the kitchen immediately and turn the gas off!" the woman's voice cries.
"Who are you? Why must I turn the gas off?" David says in surprise.
"Do it now!" the voice orders.
David turns the gas off. Nancy and David look at the kettle in surprise.
"I do not understand," David says, "How can this woman know that we will drink tea?"
"I am hungry," his sister says, "When will we eat?"
"I am hungry too," David says and turns the gas on again. At this minute the telephone rings again.
"Hello," David says.
"Are you David Tweeter who lives at eleven Queen street?" the voice of a strange man asks.
"Yes," David answers.
"Turn off the cooker gas immediately! Be careful!" the voice orders.
"Okay," David says and turns the gas off again.
"Let's go to the kindergarten," David says to Nancy feeling that they will not drink tea today.
"No. I want some tea and bread with butter," Nancy says angrily.
"Well, let's try to warm up the kettle again," her brother says and turns the gas on.
The telephone rings and this time their mother orders to turn the gas off. Then she explains everything. At last Nancy and David drink tea and go to the kindergarten.

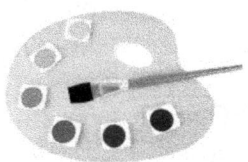

18

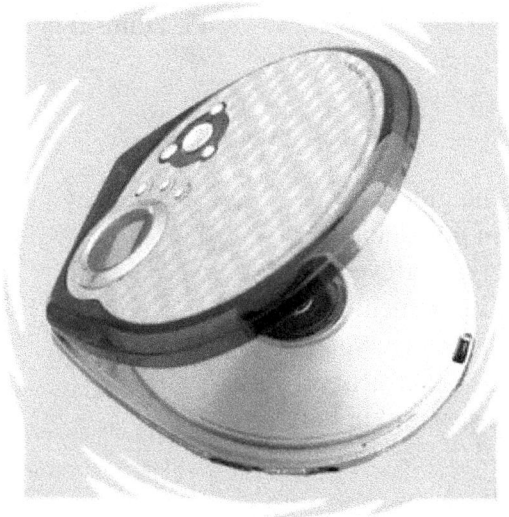

Bir iş acentesi

A job agency

A

Kelimeler

Words

1. akım - current
2. altmış - sixty
3. aynı anda - at the same time
4. aynı zamanda - also
5. aynısı - the same
6. bedensel iş - manual work
7. birbirini tanımak - know each other
8. cidden - seriously
9. çok yönlü - all-round
10. danışmak - consult
11. danışman - consultant
12. -dı /-di - was
13. dikkatle - carefully
14. dikkatle dinlemek - listen carefully
15. döşek - mattress
16. elektrikli - electric
17. endişelenmek - worry; Endişelenme! - Do not worry!
18. gibi - as
19. güçlü, kuvvetle - strong, strongly
20. hikaye - story
21. ilerleyen - running
22. izin vermek - let
23. kablo - cable
24. kabul etmek - agree
25. kafası karışmış - confused
26. kır saçlı - grey-headed
27. kol - arm
28. numara - number
29. onbeş - fifteen

30. ölümcül - deadly
31. önermek - recommend
32. pozisyon - position
33. saatte - per hour
34. sallamak, titremek - shake
35. şehir - town
36. tabii ki - sure
37. tecrübe - experience
38. teker teker, ayrı - individually
39. yardımcı - helper
40. yarım - half
41. yayın - publishing
42. yer - floor
43. zihinsel iş - mental work

B

Bir gün Paul Robert'ın odasına gider ve arkadaşının yatakta titrediğini görür. Paul Robert'tan elektrikli su ısıtıcıya ilerleyen elektrik kabloları görür. Paul Robert'ın ölümcül bir elektrik akımı altında olduğuna inanır. Hemen yatağa gider, döşeği tutar ve kuvvetle çeker. Robert yere düşer. Sonra ayağa kalkar ve şaşkınlıkla Paul'a bakar.
"O neydi?" diye sorar Robert.
"Elektrik akımındaydın," der Paul.
"Hayır, muzik dinliyordum," der Robert ve CD çalarını gösterir.
"Oh, üzgünüm," der Paul. Kafası karışmıştır.
"Sorun değil. Endişelenme," diye cevaplar Robert sessizce pantolonunu temizlerken.
"David ve ben bir iş acentesine gidiyoruz. Bizimle gelmek ister misin?" diye sorar Paul.
"Tabii ki. Beraber gidelim," der Robert.
Onlar dışarı çıkar ve yedi numaralı otobüse binerler. İş acentesine gitmeleri yaklaşık onbeş dakika sürer. David oradadır bile. Binaya gelirler. İş acentesi ofisine uzun bir kuyruk vardır. Onlar sırada dururlar. Yarım saat içinde ofise gelirler. Odada bir masa ve birkaç kitaplık vardır. Kır saçlı bir adam masada oturuyor. O yaklaşık altmış yaşında.
"İçeri girin çocuklar!" der arkadaşça, "Lütfen oturun."
David, Robert ve Paul otururlar.
"Adım George Estimator. Ben bir iş danışmanıyım. Genellikle ziyaretçilerle teker teker konuşurum. Ama siz öğrenci olduğunuz için ve birbirinizi tanıdığınız için hepinize danışmanlık yapabilirim. Kabul ediyor musunuz?"

One day Paul goes to Robert's room and sees that his friend is lying on the bed shaking. Paul sees some electrical cables running from Robert to the electric kettle. Paul believes that Robert is under a deadly electric current. He quickly goes to the bed, takes the mattress and pulls it strongly. Robert falls to the floor. Then he stands up and looks at Paul in surprise.
"What was it?" Robert asks.
"You were on electrical current," Paul says.
"No, I was listening to the music," Robert says and shows his CD player.
"Oh, I am sorry," Paul says. He is confused.
"It's okay. Do not worry," Robert answers quietly cleaning his trousers.
"David and I go to a job agency. Do you want to go with us?" Paul asks.
"Sure. Let's go together," Robert says.
They go outside and take the bus number seven. It takes them about fifteen minutes to go to the job agency. David is already there. They come into the building. There is a long queue to the office of the job agency. They stand in the queue. In half an hour they come into the office. There is a table and some bookcases in the room. A gray-headed man is sitting at the table. He is about sixty years old.
"Come in guys!" he says friendly, "Take seats, please."
David, Robert and Paul sit down.
"My name is George Estimator. I am a job consultant. Usually I speak with visitors individually. But as you are all students and

"Evet, efendim," der David, " Her gün üç veya dört saat boş vaktimiz var. Bu zamanlar için işler bulmamız gerekiyor, efendim."
Bay Estimator "Pekala. Öğrenciler için birkaç işim var. Ve sen çalarını çıkar," der Robert'a.
"Aynı anda sizi ve müziği dinleyebilirim," der Robert.
"Eğer cidden bir iş edinmek istiyorsan çaları çıkar ve dediklerimi dikkatle dinle," der Bay Estimator, "Şimdi çocuklar ne tür bir işe ihtiyacınız olduğunu söyleyin. Zihinsel bir iş mi yoksa bedensel bir iş mi gerekiyor?"
"Her işi yaparım," der Paul, "Güçlüyüm. Kol lazım mı?" der o ve kolunu Bay Estimator'ın masasına koyar.
"Burası bir spor kulübü değil ancak istersen…" der Bay Estimator. Kolunu masaya koyar ve çabucak Paul'un kolunu aşağı iter, "Gördüğün gibi evlat, sadece güçlü olmak değil, aynı zamanda akıllı da olmalısın."
"Zihnen de çalışabilirim, efendim," der Paul yine. O bir iş edinmeyi çok istiyor. "Hikayeler yazabilirim. Yerel şehrim hakkında bazı hikayelerim var."
"Bu çok ilginç," der Bay Estimator. Bir yaprak kağıt alır, "Yayınevi "Çok-yönlü"nün bir yazım pozisyonu için genç bir yardımcıya ihtiyacı var. Saatte dokuz dolar ödüyorlar."
"Harika!" der Paul, "Deneyebilir miyim?"
"Tabii ki. İşte telefon numaraları ve adresleri," der Bay Estimator ve Paul'a bir yaprak kağıt verir.
"Ve siz de bir çiftlikte, bir bilgisayar firmasında, bir gazetede veya bir süpermarkette bir iş seçebilirsiniz. Herhangi bir deneyime sahip olmadığınız için bir çiftlikte çalışmanızı tavsiye ederim. İki işçiye ihtiyaçları var," der Bay Estimator David'e ve Robert'e.
"Ne kadar ödüyorlar?" diye sorar David.
"Bir bakayım…" diyerek Bay Estimator bilgisayara bakar, "Günlük üç veya dört saat için işçiye ihtiyaçları var ve saatte yedi dolar ödüyorlar. Cumartesi ve pazar boş. Kabul ediyor musunuz?" diye sorar.
"Ben kabul ediyorum," der David.

know each other I can consult you all together. Do you agree?"
"Yes, sir," David says, "We have three or four hours of free time every day. We need to find jobs for that time, sir."
"Well. I have some jobs for students. And you take off your player," Mr. Estimator says to Robert.
"I can listen to you and to music at the same time," Robert says.
"If you seriously want to get a job take the player off and listen carefully to what I say," Mr. Estimator says, "Now guys say what kind of job do you need? Do you need mental or manual work?"
"I can do any work," Paul says, "I am strong. Want to arm?" he says and puts his arm on Mr. Estimator's table.
"It is not a sport club here but if you want…" Mr. Estimator says. He puts his arm on the table and quickly pushes down Paul's arm, "As you see son, you must be not only strong but also smart."
"I can work mentally too, sir," Paul says again. He wants to get a job very much. "I can write stories. I have some stories about my native town."
"This is very interesting," Mr. Estimator says. He takes a sheet of paper, "The publishing house "All-round" needs a young helper for a writing position. They pay nine dollar per hour."
"Cool!" Paul says, "Can I try?"
"Sure. Here are their telephone number and their address," Mr. Estimator says and gives a sheet of paper to Paul.
"And you guys can choose a job on a farm, in a computer firm, on a newspaper or in a supermarket. As you do not have any experience I recommend you to begin to work in a farm. They need two workers." Mr. Estimator says to David and Robert.
"How much do they pay?" David asks.
"Let me see…" Mr. Estimator looks into the computer. "They need workers for three or four hours a day and they pay seven dollars per hour. Saturdays and Sundays are days off. Do you agree?" he asks.

"Ben de kabul ediyorum," der Robert.
"Pekala. Çiftliğin telefon numarasını ve adresini alın," der Bay Estimator ve onlara bir yaprak kağıt verir.
"Teşekkür ederiz, efendim" der oğlanlar ve dışarı çıkarlar.

"I agree," David says.
"I agree too," Robert says.
"Well. Take the telephone number and the address of the farm," Mr. Estimator says and gives a sheet of paper to them.
"Thank you, sir," the boys say and go outside.

19

David ve Robert kamyonu yıkarlar (bölüm 1)

David and Robert wash the truck (part 1)

A

Kelimeler

Words

1. altıncı - sixth
2. avlu - yard
3. basmak - step
4. başlamak - start
5. beklemek - wait
6. beşinci - fifth
7. boyunca - along
8. çok - lot
9. daha büyük - bigger
10. daha ileri - further
11. daha yakın - closer
12. dalga - wave
13. deniz - sea
14. deniz kıyısı - seashore

15. dokuzuncu - ninth
16. dördüncü - fourth
17. ehliyet - driving license
18. fren - brake; fren yapmak - to brake
19. gemi - ship
20. güç - strength
21. ikinci - second
22. işveren - employer
23. kontrol etmek - check
24. kullanmak - use
25. kutu - box
26. makine - machine
27. metre - meter
28. motor - engine
29. oldukça - quite
30. onuncu - tenth
31. ön - front
32. ön tekerlekler - front wheels
33. önce - at first
34. sahip - owner
35. sekizinci - eighth
36. süzülmek - float
37. tarla, alan - field
38. tekerlek - wheel
39. temizlemek - clean
40. tohum - seed
41. uygun - suitable
42. uzak - far
43. üçüncü - third
44. varmak - arrive
45. yakın - close
46. yalpalamak - pitch
47. yavaşça - slowly
48. yedinci - seventh
49. yıkamak - wash
50. yol - road
51. yük, yüklemek - load
52. yükü boşaltmak - unload

B

David ve Robert şimdi bir çiftlikte çalışıyorlar. Onlar her gün üç veya dört saat çalışırlar. İş oldukça zordur. Her gün çok fazla iş yapmalıdırlar. İki günde bir çiftlik avlusunu temizlerler. Üç günde bir çiftlik makinelerini yıkarlar. Dört günde bir çiftlik tarlalarında çalışırlar.
İşverenlerinin adı Daniel Tough. Bay Tough çiftliğin sahibi ve işin çoğunu o yapar. Bay Tough çok fazla çalışır. Ayrıca David ve Robert'a birçok iş verir.
"Hey oğlanlar, makineleri temizlemeyi bitirin, kamyonu alın ve taşıma şirketi Rapid'e gidin," der Bay Tough, "Onların benim için bir yükü var. Kutuları kamyondaki tohumla yükleyin, onları çiftliğe getirin, ve çiftlik avlusunda yükü boşaltın. Çabuk yapın çünkü tohumu bugün kullanmam lazım. Ve kamyonu yıkamayı unutmayın."
"Tamam," der David. Yıkamayı bitirirler ve kamyona binerler. David'in bir ehliyeti vardır bu yüzden kamyonu o sürer. Motoru başlatır ve

David and Robert are working on a farm now. They work three or four hours every day. The work is quite hard. They must do a lot of work every day. They clean the farm yard every second day. They wash the farm machines every third day. Every fourth day they work in the farm fields.
Their employer's name is Daniel Tough. Mr. Tough is the owner of the farm and he does most of the work. Mr. Tough works very hard. He also gives a lot of work to David and Robert.
"Hey boys, finish cleaning the machines, take the truck and go to the transport firm Rapid," Mr. Tough says, "They have a load for me. Load boxes with the seed in the truck, bring them to the farm, and unload in the farm yard. Do it quickly because I need to use the seed today. And do not forget to wash the truck".
"Okay," David says. They finish cleaning and get into the truck. David has a driving license so he drives the truck. He starts the engine and drives at first slowly through the farm yard, then quickly along the road. The

önce çiftlik avlusundan yavaşça sürer, sonra yol boyunca hızlıca sürer. Taşıma firması Rapid, çiftlikten uzak değildir. Onlar oraya onbeş dakikada varırlar. Orada on numaralı yükleme kapısını ararlar.

David kamyonu yükleme avlusundan dikkatle sürer. İlk yükleme kapısını geçerler, ikinci yükleme kapısını geçerler, üçüncüyü geçerler, dördüncüyü geçerler, beşinciyi geçerler, altıncıyı geçerler, yedinciyi geçerler, sekizinciyi geçerler, sonra dokuzuncu yükleme kapısını geçerler. David onuncu yükleme kapısına sürer ve durur.

Bu taşıma şirketindeki yükleme listeleriyle tecrübeye sahip olan Robert "Önce yükleme listesini kontrol etmeliyiz," der. Kapıda çalışan yükleyiciye gider ve ona yükleme listesini verir. Yükleyici beş kutuyu kamyonlarına çabucak yükler. Robert kutuları dikkatle kontrol eder. Kutulardaki tüm numaralar yükleme listesindeki numaralara sahiptir.

"Numaralar doğru. Şimdi gidebiliriz," der Robert.

"Tamam," der David ve motoru başlatır, "Bence şimdi kamyonu yıkayabiliriz. Buraya uzak olmayan uygun bir yer var".

Beş dakika içinde deniz kıyısına varırlar.

"Kamyonu burada mı yıkayacaksın?" der Robert şaşkınlıkla.

"Evet! İyi bir yer, değil mi?" der David.

"Ve kovayı nereye götüreceğiz?" diye sorar Robert.

"Herhangi bir kovaya ihtiyacımız yok. Denize çok yakın süreceğim. Suyu denizden alacağız," der David ve suya çok yakın sürer. Ön tekerlekler suya girer ve dalgalar üstlerinden geçer.

"Dışarı çıkıp yıkamaya başlayalım," der Robert.

"Bir dakika bekle. Biraz daha yakın süreceğim," der David ve bir veya iki metre daha ileri sürer, "Şimdi daha iyi."

Sonra daha büyük bir dalga gelir ve su kamyonu biraz kaldırır ve denize yavaşça ileriye taşır.

"Dur! David, kamyonu durdur!" diye bağırır Robert, "Sudayız zaten! Lütfen, dur!"

transport firm Rapid is not far from the farm. They arrive there in fifteen minutes. They look for the loading door number ten there. David drives the truck carefully through the loading yard. They go past the first loading door, past the second loading door, past the third, past the fourth, past the fifth, past the sixth, past the seventh, past the eighth, then past the ninth loading door. David drives to the tenth loading door and stops.

"We must check the loading list first," Robert says who already has some experience with loading lists at this transport firm. He goes to the loader who works at the door and gives him the loading list. The loader loads quickly five boxes into their truck. Robert checks the boxes carefully. All numbers on the boxes have numbers from the loading list.

"Numbers are correct. We can go now," Robert says.

"Okay," David says and starts the engine, "I think we can wash the truck now. There is a suitable place not far from here".

In five minutes they arrive to the seashore.

"Do you want to wash the truck here?" Robert asks in surprise.

"Yeah! It is a nice place, isn't it?" David says.

"And where will we take a pail?" Robert asks.

"We do not need any pail. I will drive very close to the sea. We will take the water from the sea," David says and drives very close to the water. The front wheels go in the water and the waves run over them.

"Let's get out and begin washing," Robert says.

"Wait a minute. I will drive a bit closer," David says and drives one or two meters further, "It is better now."

Then a bigger wave comes and the water lifts the truck a little and carries it slowly further into the sea.

"Stop! David, stop the truck!" Robert cries, "We are in the water already! Please, stop!"

"It will not stop!!" David cries stepping on the brake with all his strength, "I cannot stop it!!"

"Durmuyor!!" der David tüm gücüyle frene basarak, "Durduramıyorum!!" Kamyon küçük bir gemi gibi dalgalarda yalpalanarak yavaşça denizde daha ileriye doğru süzülür.

(devam edecek)

The truck is slowly floating further in the sea pitching on the waves like a little ship.

(to be continued)

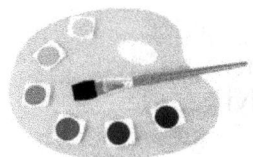

20

David ve Robert kamyonu yıkarlar (bölüm 2)

David and Robert wash the truck (part2)

A

Kelimeler

Words

1. akıntı - flow
2. asla - never
3. balina - whale
4. beslemek - feed
5. bilgilendirmek - inform
6. bir yıl önce - a year ago
7. -di /-dı - were
8. direksiyon çevirmek - steer
9. durum - situation
10. fotoğrafçı - photographer
11. fotoğraflamak - photograph
12. gazeteci - journalist
13. gülmek - laugh
14. istedik - wanted
15. iyileştirmek - rehabilitate
16. katil - killer
17. katil balina - killer whale
18. kaza - accident

19. keyfini çıkarmak - enjoy
20. kıyı - shore
21. kontrol - control
22. konuşma - speech
23. kurtarma hizmeti - rescue service
24. kurtarmak - rescue
25. kuş - bird
26. meydana geldi - happened
27. meydana gelmek - happen
28. muhteşem - wonderful
29. önce - ago
30. örneğin - for example
31. örnek - example
32. para - money
33. petrol - oil
34. rehabilitasyon - rehabilitation
35. rüzgar - wind
36. sabit - constant
37. sağ - right
38. serbest bırakmak - set free
39. sevgili - dear
40. sol - left
41. süzülüyor - floating
42. tanker - tanker
43. temizlenmiş - cleaned
44. tören - ceremony
45. yangın - fire
46. yarın - tomorrow
47. yirmibeş - twenty-five
48. yutmak - swallow
49. yüzmek - swim

B

Kamyon küçük bir gemi gibi dalgalarda yalpalanarak yavaşça denizde daha ileriye doğru süzülür. David frene ve gaza basarken sola ve sağa direksiyon çeviriyor. Ancak kamyonu kontrol edemiyor. Güçlü bir rüzgar onu kıyı boyunca ittiriyor. David ve Robert ne yapacaklarını bilmiyorlar. Sadece oturuyorlar, pencereden dışarı bakıyorlar. Deniz suyu içeriye dolmaya başlar.
"Dışarı çıkalım ve çatıda oturalım," der Robert. Çatıda otururlar.
"Bay Tough ne diyecek, acaba?" der Robert. Kamyon kıyıdan yirmi metre uzağa yavaşça süzülüyor. Bazı insanlar kıyıda duruyor ve şaşkınlıkla ona bakıyor.
"Bay Tough bizi kovabilir," diye cevaplar David. Bu sırada üniversitenin başı Bay Kite ofisine gelir. Sekreteri ona bugün bir törenin olacağını söyler. Rehabilitasyondan sonra iki deniz kuşunu serbest bırakacaklar. Rehabilitasyon merkezi çalışanları Gran Pollucion tankeriyle olan kazadan sonra petrolü temizlediler. Kaza bir ay önce oldu. Bay Kite orada bir konuşma yapmalı. Tören yirmibeş dakika içinde başlayacak.
Bay Kite ve sekreteri bir taksiye binerler ve on

The truck is floating slowly further in the sea pitching on the waves like a little ship. David is steering to the left and to the right stepping on the brake and gas. But he cannot control the truck. A strong wind is pushing it along the seashore. David and Robert do not know what to do. They are just sitting, looking out of the windows. The sea water begins to run inside.
"Let's go out and sit on the roof," Robert says.
They sit on the roof.
"What will Mr. Tough say, I wonder?" Robert says.
The truck is floating slowly about twenty meters away from the shore. Some people on the shore stop and look at it in surprise.
"Mr. Tough may fire us." David answers. Meanwhile the head of the college Mr. Kite comes to his office. The secretary says to him that there will be a ceremony today. They will set free two sea birds after rehabilitation. Workers of the rehabilitation centre cleaned oil off them after the accident with the tanker Gran Pollución. The accident happened one month ago. Mr. Kite must make a speech there. The ceremony begins in twenty-five

dakikada tören yerine varırlar. O iki kuş oradadır bile. Şimdi genelde oldukları kadar beyaz değiller. Ancak artık yine yüzebilir ve uçabilirler. Orada şimdi birçok insan, gazeteci, fotoğrafçı var. İki dakika içinde tören başlar. Bay Kite konuşmasına başlar.

"Sevgili arkadaşlar!" der o, "Gran Pollucion tankeri kazası bir ay önce bu yerde oldu. Şimdi birçok kuşu ve hayvanı iyileştirmeliyiz. Çok fazla paraya mal oluyor. Örneğin bu kuşların her birinin rehabilitasyonu 5,000 dolara mal oluyor! Ve ben şimdi size şunu bildirmekten memnunum ki bir aylık rehabilitasyondan sonra bu iki muhteşem kuş serbest bırakılacak."

İki erkek, kuşların olduğu kutuyu alır, suya getirir ve açar. Kuşlar kutudan çıkar ve suya zıplarlar ve yüzerler. Fotoğrafçılar fotoğraf çeker. Gazeteciler rehabilitasyon merkezinin işçilerine hayvanlar hakkında soru sorar.

Bir an büyük bir katil balina yükselir, çabucak o iki kuşu yutar ve yine dalar. Tüm insanlar kuşların önceden olduğu yere bakarlar. Üniversitenin başı gözlerine inanamaz. Katil balina daha fazla kuş arayarak yine yükselir. Orada başka kuş olmadığı için, yine dalar. Bay Kite şimdi konuşmasını bitirmeli.

"Ah...," o uygun kelimeler seçer, "Muhteşem sabit yaşam akışı asla durmaz. Daha büyük hayvanlar daha küçük hayvanları yerler ve devam eder... ah... bu ne?" diyerek suya bakar. Tüm insanlar oraya bakar ve bir gemi gibi dalgalarda yalpalayan kıyı boyunca süzülen büyük bir kamyon görür. İki çocuk tören yerine bakarak üstünde oturuyordur.

"Merhaba Bay Kite," der Robert, "Neden kuşlarla katil balinaları besliyorsunuz?"

"Merhaba Robert," diye cevaplar Bay Kite, "Orada ne yapıyorsunuz oğlanlar?"

"Kamyonu yıkamak istedik," diye cevaplar David.

"Anlıyorum," der Bay Kite. İnsanların bazıları bu durumun keyfini çıkarmaya başlar. Gülmeye başlarlar.

"Pekala, şimdi kurtarma hizmetini arayacağım."

minutes.

Mr. Kite and his secretary take a taxi and in ten minutes arrive to the place of the ceremony. These two birds are already there. Now they are not so white as usually. But they can swim and fly again now. There are many people, journalists, photographers there now. In two minutes the ceremony begins. Mr. Kite begins his speech.

"Dear friends!" he says. "The accident with the tanker Gran Pollución happened at this place a month ago. We must rehabilitate many birds and animals now. It costs a lot of money. For example the rehabilitation of each of these birds costs 5,000 dollars! And I am glad to inform you now that after one month of rehabilitation these two wonderful birds will be set free."

Two men take a box with the birds, bring it to the water and open it. The birds go out of the box and then jump in the water and swim. The photographers take pictures. The journalists ask workers of the rehabilitation centre about the animals.

Suddenly a big killer whale comes up, quickly swallows those two birds and goes down again. All the people look at the place where the birds were before. The head of the college does not believe his eyes. The killer whale comes up again looking for more birds. As there are no other birds there, it goes down again. Mr. Kite must finish his speech now.

"Ah...." he chooses suitable words, "The wonderful constant flow of life never stops. Bigger animals eat smaller animals and so on... ah... what is that?" he says looking at the water. All the people look there and see a big truck floating along the shore pitching on the waves like a ship. Two guys sit on it looking at the place of the ceremony.

"Hello Mr. Kite," Robert says, "Why are you feeding killer whales with birds?"

"Hello Robert," Mr. Kite answers. "What are you doing there boys?"

"We wanted to wash the truck," David answers.

"I see," Mr. Kite says. Some of the people begin to enjoy this situation. They begin to

Sizi sudan çıkaracaklar. Ve yarın sizi ofisimde görmek istiyorum," der üniversitenin başı ve kurtarma hizmetini arar.

laugh.
"Well, I will call the rescue service now. They will get you out of the water. And I want to see you in my office tomorrow," the head of the college says and calls the rescue service.

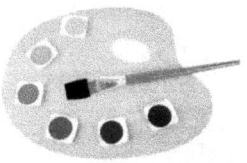

21

Bir ders

A lesson

Kelimeler

Words

1. arasında - between
2. biraz - slightly
3. boş - empty
4. bu şeyler - this stuff
5. çocuklar - children
6. daha az - less
7. diğer - else
8. dikkat - attention
9. dikkat etmek - pay attention to
10. dökmek - pour
11. ebeveyn - parent
12. -en/-an - which
13. erkek arkadaş - boyfriend
14. gerçekten - really

15. hala - still
16. harcamak - spend
17. her zaman - always
18. ilgilenmek - care
19. kalmak - remain
20. kavanoz - jar
21. kaybetmek - loose
22. kız arkadaş - girlfriend
23. kum - sand
24. küçük - small
25. -meden /-madan - without
26. mutluluk - happiness
27. önemli - important
28. sağlık - health
29. sınıf - class
30. şey - thing
31. taş - stone
32. tek kelime etmeden - without a word
33. televizyon - television
34. tıbbi - medical
35. yerine - instead

B

Üniversitenin başı sınıfın önünde duruyor. Orada masada onun önünde birkaç kutu ve diğer şeyler var. Ders başladığında büyük boş bir kavanoz alır ve tek kelime etmeden büyük taşlarla doldurur.
"Kavanozun şimdiden dolduğunu mu düşünüyorsunuz?" diye öğrencilerine sorar Bay Kite.
"Evet, öyle," diye kabul eder öğrenciler.
Sonra çok küçük taşlarla dolu bir kutu alır ve onları kavanoza döker. Kavanozu biraz sallar. Küçük taşlar, tabii ki, büyük taşlar arasındaki boşlukları doldurur.
"Şimdi ne düşünüyorsunuz? Kavanoz doldu bile, değil mi?" diye Bay Kite onlara yine sorar.
"Evet, öyle. Şimdi doldu," diye öğrenciler yine kabul eder. Bu dersten keyif almaya başlarlar. Onlar gülmeye başlar.
Sonra Bay Kite bir kutu kum alır ve kavanoza döker. Tabii ki, kum tüm diğer boşlukları doldurur.
"Şimdi bu kavanoz bir adamın hayatıymış gibi düşünmesnizi istiyorum. Büyük taşlar önemli şeyler - aileniz, kız arkadaşınız ve erkek arkadaşınız, sağlığınız, çocuklarınız, ebeveynleriniz - eğer her şeyi kaybederseniz, bir tek onlar kalır ve hayatınız yine dolu olacaktır. Küçük taşlar daha az önemli olan diğer şeyler. Onlar eviniz, işiniz, arabanız gibi şeyler. Kum diğer her şeydir - küçük şeyler. Eğer kavanoza ilk kum koyarsanız, küçük veya büyük taşlar için yer kalmayacaktır. Aynısı hayat için de geçerlidir.

The head of the college is standing before the class. There are some boxes and other things on the table before him. When the lesson begins he takes a big empty jar and without a word fills it up with big stones.
"Do you think the jar is already full?" Mr. Kite asks students.
"Yes, it is," agree students.
Then he takes a box with very small stones and pours them into the jar. He shakes the jar slightly. The little stones, of course, fill up the room between the big stones.
"What do you think now? The jar is already full, isn't it?" Mr. Kite asks them again.
"Yes, it is. It is full now," the students agree again. They begin to enjoy this lesson. They begin to laugh.
Then Mr. Kite takes a box of sand and pours it into the jar. Of course, the sand fills up all the other room.
"Now I want that you to think about this jar like a man's life. The big stones are important things - your family, your girlfriend and boyfriend, your health, your children, your parents - things that if you loose everything and only they remain, your life still will be full. Little stones are other things which are less important. They are things like your house, your job, your car. Sand is everything else - small stuff. If you put sand in the jar at first, there will be no room for little or big stones. The same goes

Eğer tüm zamanınızı ve enerjinizi küçük şeylerde harcarsanız, asla sizin için önemli olan şeyler için yeriniz olmaz. Mutluluğunuza en önemli olan şeylere dikkat edin. Çocuklarınızla veya ebeveynlerinizle oynayın. Tıbbi kontroller için vakit ayırın. Kız arkadaşınızı veya erkek arkadaşınızı bir kafeye götürün. İşe gitmek, evi temizlemek ve televizyon izlemek için her zaman vaktiniz olacaktır," der Bay Kite, "Önce büyük taşlarla ilgilenin - gerçekten önemli olan şeylerle. Diğer her şey sadece kumdur," öğrencilere bakar, "Şimdi Robert ve David, sizin için ne daha önemlidir - bir kamyon yıkamak mı yoksa hayatlarınız mı? Sadece kamyonu yıkamak istediğiniz için denizdeki bir kamyonun üzerinde bir gemideymiş gibi süzülüyorsunuz. Sizce onu yıkamanın başka yol yok mu?"

"Hayır, sanırız ki yok," der David.

"Bir kamyonu onun yerine bir yıkama istasyonunda yıkayabilirsin, değil mi?" der Bay Kite.

"Evet, yapabiliriz," der öğrenciler.

"Bir şeyi yapmadan önce her zaman düşünmelisiniz. Her zaman büyük taşlarla ilgilenmelisiniz, değil mi?"

"Evet, ilgilenmeliyiz," diye cevaplar öğrenciler.

for life. If you spend all of your time and energy on the small stuff, you will never have room for things that are important to you. Pay attention to things that are most important to your happiness. Play with your children or parents. Take time to get medical tests. Take your girlfriend or boyfriend to a café. There will be always time to go to work, clean the house and watch television." Mr. Kite says, "Take care of the big stones first - things that are really important. Everything else is just sand," he looks at the students, "Now Robert and David, what is more important to you - washing a truck or your lives? You float on a truck in the sea like on a ship just because you wanted to wash the truck. Do you think there is no other way to wash it?"

"No, we do not think so," David says.

"You can wash a truck in a washing station instead, can't you?" says Mr. Kite.

"Yes, we can," say the students.

"You must always think before you do something. You must always take care of the big stones, right?"

"Yes, we must," answer the students.

22

Paul bir yayınevinde çalışır

Paul works at a publishing house

A

Kelimeler
Words

1. almak - get
2. aramak - call
3. beceri - skill
4. beri, için - since, as
5. bip - beep
6. burun - nose
7. dergi - magazine
8. dışarıda - outdoors
9. dünya - world
10. en azından - at least
11. farklı - different
12. firma - company
13. gazete - newspaper
14. gelecek - future

15. gelişmek - develop
16. hazır - ready
17. hiç kimse - nobody
18. hiçbir şey - nothing
19. hikaye - story
20. insan - human
21. kara - dark
22. kaydetmek - record
23. komik - funny
24. kompozisyon - composition
25. konuşmak - talk
26. koordinasyon - co-ordination
27. kural - rule
28. merdiven - stairs
29. meslek - profession
30. metin - text
31. mümkün - possible
32. mümkün olduğunca sık - as often as possible
33. müşteri - customer
34. otuz - thirty
35. oynama - playing
36. özellikle - especially
37. reddetmek - refuse
38. satmak - sell
39. selam - hi
40. soğuk - cold *(adj)*
41. soğukluk - coldness
42. telesekreter - answering machine
43. uyumak - sleeping
44. üretmek - produce
45. üzücü - sad
46. vb. - etc.
47. yağmur - rain
48. yaratıcı - creative
49. yazmak - compose
50. yürüme - walking
51. zor - difficult

B

Paul Çok-yönlü yayınevinde genç bir yardımcı olarak çalışır. O, yazım işi yapar.
"Paul, firmamızın adı Çok-yönlü," der firmanın başı Bay Fox, "Ve bu, herhangi bir müşteri için herhangi bir metin kompozisyonu ve tasarım işi yapabiliriz anlamına gelmektedir. Gazetelerden, dergilerden ve diğer müşterilerden birçok sipariş alıyoruz. Tüm siparişler farklıdır ancak hiçbirini reddetmeyiz."
Paul bu işi çok sever çünkü yaratıcı beceriler geliştirebilir. O, kompozisyon yazımı ve tasarım gibi yaratıcı işlerden zevk alır. O, üniversitede tasarım okuduğu için bu onun gelecek mesleği için çok uygun bir iş. Bay Fox bugün onun için birkaç yeni göreve sahip.
"Birkaç siparişimiz var. Onların ikisini yapabilirsin," der Bay Fox, "İlk sipariş bir telefon firmasından. Onlar telesekretere sahip olan telefonlar üretiyorlar. Telesekreterlre için bazı komik metinlere ihtiyaçları var. Komik şeylerden daha çok satan bir şey yoktur. Dört veya beş metin yaz, lütfen."

Paul works as a young helper at the publishing house All-round. He does writing work.
"Paul, our firm's name is All-round," the head of the firm Mr. Fox says. "And this means we can do any text composition and design work for any customer. We get many orders from newspapers, magazines and from other customers. All of the orders are different but we never refuse any."
Paul likes this job a lot because he can develop creative skills. He enjoys creative works like writing compositions and design. Since he studies design at college it is a very suitable job for his future profession. Mr. Fox has some new tasks for him today.
"We have some orders. You can do two of them." Mr. Fox says, "The first order is from a telephone company. They produce telephones with answering machines. They need some funny texts for answering machines. Nothing sells better than funny things. Compose four or five texts, please."
"How long must they be?" Paul asks.

"Ne kadar uzun olmalılar?" diye sorar Paul.
"Beş ve otuz kelime arası olabilir," diye cevaplar Bay Fox, "Ve ikinci sipariş "Yeşil dünya" adlı bir dergiden. Bu dergi hayvanlar, kuşlar, balıklar vb. hakkında yazıyor. Onların herhangi bir ev hayvanı hakkında bir metne ihtiyaçları var. Komik veya üzücü olabilir, veya sadece kendi hayvanın hakkında bir hikaye olabilir. Bir hayvanın var mı?"
"Evet, var. Bir kedim var. Adı Favorite," diye cevaplar Paul, "Ve bence onun numaraları hakkında bir hikaye yazabilirim. Ne zaman hazır olmalı?"
"Bu iki sipariş yarına kadar hazır olmalı," diye cevaplar Bay Fox.
"Tamam. Şimdi başlayabilir miyim?" diye sorar Paul.
"Evet, Paul," der Bay Fox.
Paul bu metinleri ertesi gün getirir. Telesekreterler için beş metne sahiptir. Bay Fox onları okur:
1. "Selam. Şimdi siz bir şey söyleyin."
2. "Merhaba. Ben bir telesekreterim. Ve siz nesiniz?"
3. "Selam. Evde telesekreterim hariç hiç kimse yok. Bu yüzden benim yerime onunla konuşabilirsiniz. Bip sesini bekleyin."
4. "Bu bir telesekreter değildir. Bu bir fikir kaydetme makinesidir. Bipten sonra, isminizi, arama sebebinizi ve sizi geri arayabileceğim bir numarayı düşünün. Ve sizi geri aramayı düşüneceğim."
5. "Bipten sonra konuşun! Sessiz kalma hakkına sahipsiniz. Dediğiniz her şeyi kaydedeceğim ve kullanacağım."
"Kötü değil. Peki ya hayvanlar hakkındaki?" diye sorar Bay Fox. Paul ona başka bir yaprak kağıt verir. Bay Fox okur:

Kediler için bazı kurallar
Yürüme:
Mümkün olduğu kadar sıklıkla, bir insanın önüne çabucak ve olabildiğince yakın koşun, özellikle: Merdivenlerde, ellerinde bir şey varken, karanlıkta, ve sabah uyandıklarında. Bu onların koordinasyonunu eğitecektir.
Yatakta:

"They can be from five to thirty words," Mr. Fox answers, *"And the second order is from the magazine "Green world". This magazine writes about animals, birds, fish etc. They need a text about any home animal. It can be funny or sad, or just a story about your own animal. Do you have an animal?"*
"Yes, I do. I have a cat. Its name is Favorite," Paul answers, *"And I think I can write a story about its tricks. When must it be ready?"*
"These two orders must be ready by tomorrow," Mr. Fox answers.
"Okay. May I begin now?" Paul asks.
"Yes, Paul," Mr. Fox says.
Paul brings those texts the next day. He has five texts for the answering machines. Mr. Fox reads them:
1. *"Hi. Now you say something."*
2. *"Hello. I am an answering machine. And what are you?"*
3. *"Hi. Nobody is at home now but my answering machine is. So you can talk to it instead of me. Wait for the beep."*
4. *"This is not an answering machine. This is a thought-recording machine. After the beep, think about your name, your reason for calling and a number which I can call you back. And I will think about calling you back."*
5. *"Speak after the beep! You have the right to be silent. I will record and use everything you say."*
"It is not bad. And what about animals?" Mr. Fox asks. Paul gives him another sheet of paper. Mr. Fox reads:

Some rules for cats
Walking:
As often as possible, run quickly and as close as possible in front of a human, especially: on stairs, when they have something on their hands, in the dark, and when they get up in the morning. This will train their co-ordination.
In bed:

Geceleyin her zaman bir insanın üstünde uyuyun. Böylece o yatakta dönemez. Onun yüzünde yatmaya çalışın. Kuyruğunuzun burunlarında olduğundan emin olun.

Uyku:

Oynamak için çok fazla enerjiye sahip olmak amacıyla, bir kedi çok fazla uyumalı (günlük en az 16 saat). Uyumak için uygun bir yer bulmak zor değil. Bir insanın oturmayı sevdiği herhangi bir yer iyidir. Dışarıda da iyi yerler vardır. Ancak yağmur yağdığında veya soğuk olduğunda onları kullanamazsınız. Onun yerine açık pencereleri kullanabilirsiniz.

Bay Fox güler.

"İyi iş, Paul! Bence "Yeşil dünya" dergisi kompozisyonunu beğenecektir," der.

Always sleep on a human at night. So he or she cannot turn in the bed. Try to lie on his or her face. Make sure that your tail is right on their nose.

Sleeping:

To have a lot of energy for playing, a cat must sleep a lot (at least 16 hours per day). It is not difficult to find a suitable place to sleep. Any place where a human likes to sit is good. There are good places outdoors too. But you cannot use them when it rains or when it is cold. You can use open windows instead.

Mr. Fox laughs.

"Good work, Paul! I think the magazine "Green world" will like your composition," he says.

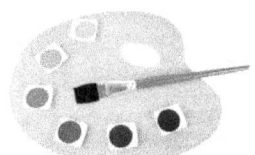

23

Kedi kuralları

Cat rules

A

Kelimeler

Words

1. adım - step; basmak - to step
2. almak - get
3. arkasında - behind
4. az - few
5. bacak - leg
6. bazen - sometimes
7. birkaç - a few
8. çalmak - steal
9. çocuk - child
10. düşünme - thinking
11. eğlence - fun
12. gezegen - planet
13. gizem - mystery
14. gizli - secret
15. hava - weather
16. herhangi bir şey - anything
17. ısırmak - bite
18. kaçmak - run away

19. klavye - keyboard
20. lezzetli - tasty
21. mevsim - season
22. misafir - guest
23. numarası yapmak - pretend
24. okul - school
25. okuma, okuyan - reading
26. ödev - homework
27. öpmek - kiss
28. panik - panic; panik yapmak - to panic
29. rağmen - although
30. saklambaç - hide-and-seek
31. saklanmak - hide
32. sevgi - love; sevmek - to love
33. sivrisinek - mosquito
34. sürtünmek - rub
35. şans - chance
36. tabak - plate
37. tuvalet - toilet
38. unutmak - forget
39. yemek pişirme - cooking

B

"Bay Fox Paul'a ertesi gün "Yeşil dünya" dergisi yeni bir sipariş veriyor," der, "Ve bu sipariş senin için, Paul. Onlar kompozisyonunu beğeniyorlar ve "Kedi kuralları" hakkında daha büyük bir metin istiyorlar.
Paul'un bu metni yazması iki gün sürer.
İşte burada.

Kediler için bazı gizli kurallar

Kediler bu gezegenin en iyi ve en muhteşem hayvanı olmalarına rağmen, bazen çok tuhaf şeyler yaparlar. İnsanlardan biri bazı kedi kurallarını çalmayı başardı. Dünyayı ele geçirmek için bazı hayat kuralları vardır! Ancak bu kuralların kedilere nasıl yardım edeceği insanlara tamamen bir gizemdir.
Banyolar:
Her zaman banyoya ve tuvalete misafirlerle gidin. Herhangi bir şey yapmanıza gerek yok. Sadece oturun, bakının ve bazen bacaklarına sürtünün.
Kapılar:
Tüm kapılar açık olmalı. Bir kapıyı açmak için, insanlara üzgün bakarak durun. Bir kapıyı açtıklarında, içinden geçmenize gerek yok. Dış kapıyı bu yöntemle açtığınızda, kapıda durun ve bir şey hakkında düşünün. Bu, hava çok soğuk olduğunda, veya yağmur yağdığında, veya sivrisinek mevsiminde özellikle önemlidir.
Yemek pişirme:
Yemek pişiren insanların her zaman sağ ayağının arkasında oturun. Böylece sizi göremezler ve bir

"The magazine "Green world" places a new order," Mr. Fox says to Paul next day. "And this order is for you, Paul. They like your composition and they want a bigger text about "Cat rules".
It takes Paul two days to compose this text. Here it is.

Some secret rules for cats

Although cats are the best and the most wonderful animals on this planet, they sometimes do very strange things. One of the humans managed to steal some cat secrets. They are some rules of life in order to take over the world! But how these rules will help cats is stil a total mystery to the humans.
Bathrooms:
Always go with guests to the bathroom and to the toilet. You do not need to do anything. Just sit, look and sometimes rub their legs.
Doors:
All doors must be open. To get a door opened, stand looking sad at humans. When they open a door, you need not go through it. After you open in this way the outside door, stand in the door and think about something. This is especially important when the weather is very cold, or when it is a rainy day, or when it is the mosquito season.
Cooking:
Always sit just behind the right foot of

insanın sizin üstünüze basması daha muhtemeldir. Bu olduğunda, sizi ellerine alırlar ve size yemeniz için lezzetli bir şey verirler.
Kitap okuma:
Okuyan bir insanın yüzüne daha da yakınlaşmaya çalışın, göz ve kitap arasına. En iyisi kitabın üstüne yatmaktır.
Çocukların okul ödevi:
Kitaplara ve yazı defterlerine yatın ve uyuma numarası yapın. Ancak zaman zaman kaleme atlayın. Eğer bir çocuk sizi masadan uzaklaştırmaya çalışırsa ısırın.
Bilgisayar:
Eğer bir insan bir bilgisayarda çalışıyorsa, masaya zıplayın ve klavyenin üzerinden yürüyün.
Yemek:
Kedilerin çok fazla yemesi gerekir. Ama yemek yemek eğlencenin yalnızca yarısıdır. Diğer yarısı yemeği almaktır. İnsanlar yediklerinde, bakmadıkları zaman kuyruğunuzu tabağa koyun. Bir yemek dolusu tabak alma şansınızı artıracaktır. Eğer masadan biraz yemek alabilirseniz asla kendi tabağınızdan yemeyin. Eğer bir insanın bardağından içebilirseniz asla kendi su kabınızdan içmeyin.
Saklanmak:
İnsanların sizi birkaç gün boyunca bulamayacağı yerlerde saklanın. Bu, insanların kaçtığınızı düşünerek panik (ki bunu severler) yapmalarını sağlayacaktır. Saklanma yerinizden çıktığınızda, insanlar sizi öpecek ve sevgilerini gösterecektir. Ve lezzetli bir şey alabilirsiniz.
İnsanlar:
İnsanların görevi bizi beslemek, bizle oynamak, ve kutumuzu temizlemektir. Evin başının kim olduğunu unutmamaları önemlidir.

cooking humans. So they cannot see you and you have better chance that a human steps on you. When it happens, they take you in their hands and give something tasty to eat.
Reading books:
Try to get closer to the face of a reading human, between eyes and the book. The best is to lie on the book.
Children's school homework:
Lie on books and copy-books and pretend to sleep. But from time to time jump on the pen. Bite if a child tries to take you away from the table.
Computer:
If a human works with a computer, jump up on the desk and walk over the keyboard.
Food:
Cats need to eat a lot. But eating is only half of the fun. The other half is getting the food. When humans eat, put your tail in their plate when they do not look. It will give you a better chance to get a full plate of food. Never eat from your own plate if you can take some food from the table. Never drink from your own water plate if you can drink from a human's cup.
Hiding:
Hide in places where humans cannot find you for a few days. This will make humans panic (which they love) thinking that you ran away. When you come out of the hiding place, the humans will kiss you and show their love. And you may get something tasty.
Humans:
Tasks of humans are to feed us, to play with us, and to clean our box. It is important that they do not forget who the head of the house is.

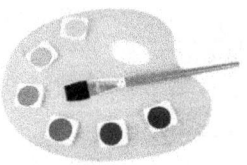

24

Takım çalışması

Teamwork

 A

Kelimeler

Words

1. açtı - switched on
2. bahçe - garden
3. baktı - looked
4. başladı - began
5. bildirdi - informed
6. biliyordu - knew
7. bin - thousand
8. bitirdi - finished
9. çalışan - working
10. çiçek - flower
11. dans etme - dancing
12. dans etmek - dance
13. dedi - said
14. devam etmek - continue
15. dizi - serial
16. doğrulttu - pointed
17. durdu - stopped
18. duydu - heard
19. dünya - earth
20. düşmek - fall
21. düştü - fell
22. geldi - came
23. gitti - went away
24. gülümsedi - smiled

25. güzel - beautiful
26. hatırladı - remembered
27. ikinizden biri - either of you
28. izlemeye devam etti - continued to watch
29. kadar - until
30. kaptan - captain
31. karşı - against
32. kısa - short
33. kısa süre içinde - soon
34. lazer - laser
35. merkezi - central
36. meslektaş - colleague
37. milyar - billion
38. öğretmek - teach
39. öldü - died
40. öldürdü - killed
41. ölmek - die
42. radar - radar
43. radyo - radio
44. sarsılmak - shook
45. savaş - war
46. sevdi - loved
47. taşındı, hareket etti - moved
48. televizyon takımı - TV-set
49. uçtu - flew away
50. uzay - space
51. uzay gemisi - spaceship
52. uzaylı - alien
53. vardı - had
54. yer almak - take part
55. yok etmek - destroy

B

David bir gazeteci olmak istiyor. O bir üniversitede okuyor. Onun bugün bir kompozisyon dersi var. Bay Kite öğrencilere kompozisyon yazmayı öğretir.
"Sevgili arkadaşlar," der, "bazılarınız yayınevlerinde, gazetelerde veya dergilerde, radyoda veya televizyonda çalışacak. Bunun anlamı, bir takım halinde çalışacaksınız. Bir takım olarak çalışmak basit değildir. Şimdi bir takımda gazetecilere özgü bir kompozisyon yazmayı denemenizi istiyorum. Bir oğlan ve kız gerekli."
Birçok öğrenci takım çalışmasında yer almak ister. Bay Kite David'i ve Carol'ı seçer. Carol İspanyalı ancak çok iyi İngilizce konuşur.
"Lütfen, bu masaya oturun. Siz şimdi meslektaşlarsınız," der onlara Bay Kite, "Kısa bir kompozisyon yazacaksınız. İkinizden biri kompozisyona başlayacak ve sonra meslektaşına verecek. Meslektaşınız kompozisyonu okuyacak ve devam ettirecektir. Sonra meslektaşınız geri verecektir ve ilk kişi okuyacaktır ve devam ettirecektir. Ve böyle süreniz dolana kadar devam edecektir. Size yirmi dakika veriyorum."
Bay Kite onlara kağıt verir ve Carol başlar. Biraz düşünür ve sonra yazar.

David wants to be a journalist. He studies at a college. He has a composition lesson today. Mr. Kite teaches students to write composition.
"Dear friends," he says, "some of you will work for publishing houses, newspapers or magazines, the radio or television. This means you will work in a team. Working in a team is not simple. Now I want that you try to make a journalistic composition in a team. I need a boy and a girl."
Many students want to take part in the team work. Mr. Kite chooses David and Carol. Carol is from Spain but she can speak English very well.
"Please, sit at this table. Now you are colleagues," Mr. Kite says to them, "You will write a short composition. Either of you will begin the composition and then give it to your colleague. Your colleague will read the composition and continue it. Then your colleague will give it back and the first one will read and continue it. And so on until your time is over. I give you twenty minutes."
Mr. Kite gives them paper and Carol begins. She thinks a little and then writes.

Takım kompozisyonu

Carol: Julia pencereden bakıyordu. Bahçesindeki çiçekler dans eder gibi rüzgarda hareket ediyordu. O, Billy ile dans ettiği akşamı hatırladı. Bir yıl önceydi ancak o her şeyi hatırladı - onun mavi gözlerini, onun gülüşünü ve sesini. Onun için mutlu zamanlardı ama şimdi bitmişti. Neden o onunla değildi?

David: Bu sırada uzay kaptanı Billy Bris, Beyaz Yıldız uzay gemisindeydi. Onun önemli bir görevi vardı ve bir yıl önce dans ettiği o aptal kızı düşünecek vakti yoktu. O Beyaz Yıldız'ın lazerlerini çabucak uzaylı uzay gemilerine doğrulttu. Sonra radyoyu açtı ve uzaylılara konuştu: "Size vazgeçmeniz için bir saat veriyorum. Eğer bir saat içinde vazgeçmezseniz sizi yok edeceğim." Ancak o bitirmeden önce bir uzaylı lazeri Beyaz Yıldız'ın sol motoruna isabet etti. Billy'nin lazeri uzaylı uzay gemilerine isabet etmeye başladı ve aynı zamanda merkezi ve sağ motorları açtı. Uzaylı lazeri çalışan sağ motoru yok etti ve Beyaz Yıldız kötü bir şekilde sarsıldı. Billy yere düştü ve düşerken hangi uzaylı uzay gemilerini yok etmesi gerektiğini düşündü.

Carol: Ama kafasını metal zemine çarptı ve aynı anda öldü. Ama ölmeden önce onu seven zavallı güzel kızı hatırladı ve ondan uzaklaştığı için çok üzgündü. Kısa süre içinde insanlar zavallı uzaylılarla yaptıkları bu aptal savaşı sonlandırdılar. Kendi tüm uzay gemilerini ve lazerlerini yok ettiler ve uzaylılara insanların bir daha asla onlara savaş açmayacağını bildirdiler. İnsanlar uzaylılarla arkadaş olmak istediklerini söylediler. Julia bunu duyduğunda çok memnundu. Sonra televizyon takımını açtı ve muhteşem bir Alman dizisi izlemeye devam etti.

David: İnsanlar kendi radarlarını ve lazerlerini yok ettikleri için, kimse uzaylıların uzay gemilerinin dünyaya bu kadar yaklaştıklarını bilmiyordu. Binlerce uzaylı lazeri dünyaya isabet etti ve zavallı aptal Julia ile beş milyar insanı bir saniyede öldürdü. Dünya yok edilmişti ve dönen parçaları uzaya uçtu.

"Zamanınız bitmeden sona geldiğinizi

Team composition

Carol: Julia was looking through the window. The flowers in her garden were moving in the wind as if dancing. She remembered that evening when she danced with Billy. It was a year ago but she remembered everything - his blue eyes, his smile and his voice. It was a happy time for her but it was over now. Why was not he with her?

David: At this moment space captain Billy Brisk was at the spaceship White Star. He had an important task and he did not have time to think about that silly girl who he danced with a year ago. He quickly pointed the lasers of White Star at alien spaceships. Then he switched on the radio and talked to the aliens: "I give you an hour to give up. If in one hour you do not give up I will destroy you." But before he finished an alien laser hit the left engine of the White Star. Billy's laser began to hit alien spaceships and at the same time he switched on the central and the right engines. The alien laser destroyed the working right engine and the White Star shook badly. Billy fell on the floor thinking during the fall which of the alien spaceships he must destroy first.

Carol: But he hit his head on the metal floor and died at the same moment. But before he died he remembered the poor beautiful girl who loved him and he was very sorry that he went away from her. Soon people stopped this silly war on poor aliens. They destroyed all of their own spaceships and lasers and informed the aliens that people would never start a war against them again. People said that they wanted to be friends with the aliens. Julia was very glad when she heard about it. Then she switched on the TV-set and continued to watch a wonderful German serial.

David: Because people destroyed their own radars and lasers, nobody knew that spaceships of aliens came very close to the Earth. Thousands of aliens' lasers hit the Earth and killed poor silly Julia and five billion people in a second. The Earth was

görüyorum," diye gülümsedi Bay Kite, "Pekala, ders bitmiştir. Bir sonraki dersimizde bu takım kompozisyonunu okuyalım ve hakkında konuşalım."

destroyed and its turning parts flew away in space.
"I see you came to the finish before your time is over," Mr. Kite smiled, "Well, the lesson is over. Let us read and speak about this team composition during the next lesson."

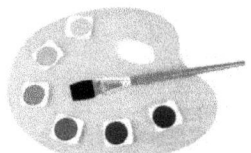

25

Robert ve David yeni bir iş arıyorlar

Robert and David are looking for a new job

 A

Kelimeler

Words

1. anket - questionnaire
2. buldu - found
3. çiftçi - farmer
4. danışmanlık - consultancy
5. değerlendirmek - estimate
6. doğa - nature
7. doktor - doctor
8. evcil hayvan - pet
9. fikir - idea
10. hayal, rüya - dream; hayal etmek, rüya görmek - to dream
11. hediye - gift
12. hizmet etmek - serve
13. iken - while
14. ilan - advert
15. İspanyolca, İspanyol - Spanish
16. kedi yavrusu - kitten
17. kırmızı başlık - rubric

18. kirli - dirty
19. kişisel - personal
20. komşu - neighbour
21. köpek yavrusu - puppy
22. lider - leader
23. monoton - monotonous
24. mühendis - engineer
25. öneri - recommendation
26. önermek - recommend
27. programcı - programmer
28. reklam - ad
29. sanat - art
30. sanatçı - artist
31. sesle - aloud
32. seyahat - travel
33. sıçan - rat
34. sinsi - sly
35. spanyel - spaniel
36. tercüman - translator
37. veteriner - vet
38. yaş - age
39. yazar - writer
40. yemek - food
41. yöntem - method

B

Robert ve David, David'in evindeler. David kahvaltıdan sonra masayı temizliyor ve Robert bir gazetedeki reklamları ve ilanları okuyor. O, "Hayvanlar" adlı kırmızı başlığı okuyor. David'in kız kardeşi Nancy de odada. O, yatağın altında saklanan kediyi yakalamaya çalışıyor.
"Gazetede bedava birçok evcil hayvan var. Sanırım bir kedi veya bir köpek seçeceğim. David, sen ne düşünüyorsun?" diye sorar Robert David'e.
"Nancy, kediyi rahatsız etme!" der David kızgınca, "Pekala Robert, bu kötü bir fikir değil. Evcil hayvanın seni her zaman evde bekleyecek ve eve dönüp ona biraz yiyecek verdiğinde çok mutlu olacak. Ve sabahları ve akşamları evcil hayvanınla yürüyüş yapman gerekeceğini veya kutusunu temizlemen gerektiğini unutma. Bazen yerleri temizlemen gerekecek veya evcil hayvanını veterinere götürmen gerekecek. Bu yüzden bir hayvan almadan önce dikkatli düşün."
"Pekala, burada birkaç ilan var. Dinle," der Robert ve sesli okumaya başlar:
"Beyaz kirli köpek buldum, bir sıçana benziyor. Uzun zaman dışarıda yaşayabilir. Para için verebilirim."
İşte bir tane daha:
"İspanyol köpek, İspanyolca konuşur. Ücretsiz veriyorum. Ve bedava yavru köpekler, yarı spanyel yarı sinsi komşu köpeği,"

Robert and David are at David's home. David is cleaning the table after breakfast and Robert is reading adverts and ads in a newspaper. He is reading the rubric "Animals". David's sister Nancy is in the room too. She is trying to catch the cat hiding under the bed.
"There are so many pets for free in the newspaper. I think I will choose a cat or a dog. David, what do you think?" Robert asks David.
"Nancy, do not bother the cat!" David says angrily. "Well Robert, it is not a bad idea. Your pet will always wait for you at home and will be so happy when you come back home and give some food. And do not forget that you will have to walk with your pet in mornings and evenings or clean its box. Sometimes you will have to clean the floor or take your pet to a vet. So think carefully before you get an animal."
"Well, there are some ads here. Listen," Robert says and begins to read aloud:
"Found dirty white dog, looks like a rat. It may live outside for a long time. I will give it away for money."
Here is one more:
"Spanish dog, speaks Spanish. Give away for free. And free puppies half spaniel half sly neighbor's dog,"
Robert looks at David, "How can a dog speak

Robert David'e bakar, "Bir köpek nasıl İspanyolca konuşabilir?"
"Bir köpek İspanyolca anlayabilir. Sen İspanyolca anlayabilir misin?" der David gülümseyerek.
"Ben İspanyolca anlayamam. Dinle, işte bir ilan daha:
Bedava çiftlik kedileri veriyorum. Yemeye hazır. Her şeyi yerler," Robert gazeteyi çevirir,
"Pekala, sanırım evcil hayvanlar bekleyebilir. Ben en iyisi bir iş arayayım," iş hakkında kırmızı başlıklar bulur ve sesli okur,
"Uygun bir iş mi arıyorsunuz? İş danışmanlığı "Uygun personel" size yardım edebilir. Danışmanlarımız kişisel kabiliyetlerinizi değerlendirecektir ve size en uygun meslek hakkında bir öneri verecektir."
Robert yukarı bakar ve der: "David ne düşünüyorsun?"
Nancy "Senin için en iyi iş denizde bir kamyon yıkamak ve süzülmesini sağlamak," der ve çabucak odadan kaçar.
"Kötü bir fikir değil. Şimdi gidelim," diye cevaplar David ve Nancy'nin hayvanı bir dakika önce koyduğu, kediyi su ısıtıcıdan dikkatle alır.
Robert ve David "Uygun personel" iş danışmanlığına bisikletleriyle varır. Sıra yoktur, bu yüzden içeri girerler. Orada iki kadın vardır. Biri telefonla konuşuyor. Diğer kadın bir şey yazıyor. O Robert ve David'e oturmalarını söyler. Onun ismi Bayan Sharp. O onlara isimlerini ve yaşlarını sorar.
"Pekala, kullandığımız yöntemi açıklayayım. Bakın, beş tür meslek vardır.
1. İlk tür insan - doğadır. Meslekler: çiftçi, hayvanat bahçesi işçisi vb.
2. İkinci tür insan - makinedir. Meslekler: pilot, taksi şoförü, kamyon şoförü vb.
3. Üçüncü tür insan - insandır. Meslekler: doktor, öğretmen, gazeteci vb.
4. Dördüncü tür insan - bilgisayardır. Meslekler: tercüman, mühendis, programcı vb.
5. Beşinci tür insan - sanattır. Meslekler: yazar, sanatçı, şarkıcı vb.

Spanish?"
"A dog may understand Spanish. Can you understand Spanish?" David asks smiling.
"I cannot understand Spanish. Listen, here is one more ad:
"Give away free farm kittens. Ready to eat. They will eat anything," Robert turns the newspaper, "Well, I think pets can wait. I will better look for a job," he finds the rubric about jobs and reads aloud,
"Are you looking for a suitable job? The job consultancy "Suitable personnel" can help you. Our consultants will estimate your personal gifts and will give you a recommendation about the most suitable profession."
Robert looks up and says: "David what do you think?"
"The best job for you is washing a truck in the sea and let it float," Nancy says and quickly runs out of the room.
"It is not a bad idea. Let's go now," David answers and takes carefully the cat out of the kettle, where Nancy put the animal a minute ago.
Robert and David arrive to the job consultancy "Suitable personnel" by their bikes. There is no queue, so they go inside. There are two women there. One of them is speaking on the telephone. Another woman is writing something. She asks Robert and David to take seats. Her name is Mrs. Sharp. She asks them their names and their age.
"Well, let me explain the method which we use. Look, there are five kinds of professions.
1. The first kind is man - nature. Professions: farmer, zoo worker etc.
2. The second kind is man - machine. Professions: pilot, taxi driver, truck driver etc.
3. The third kind is man - man. Professions: doctor, teacher, journalist etc.
4. The fourth kind is man - computer. Professions: translator, engineer, programmer etc.
5. The fifth kind is man - art. Professions: writer, artist, singer etc.
We give recommendations about a suitable

Sadece sizin hakkınızda daha fazla öğrendiğimizde uygun meslek bir önerileri veriyoruz. Öncelikle kişisel kabiliyetlerinizi değerlendireyim. Neleri beğendiğinizi ve neleri beğenmediğinizi bilmem gerekiyor. Sonra ne tür işin sizin için en uygun olduğunu bileceğiz. Lütfen, şimdi anketi doldurun," der Bayan Sharp ve onlara anketleri verir. David ve Robert anketleri doldururlar.

profession only when we learn about you more. First let me estimate your personal gifts. I must know what you like and what you dislike. Then we will know which kind of profession is the most suitable for you. Please, fill up the questionnaire now," Mrs. Sharp says and gives them the questionnaires. David and Robert fill up the questionnaires.

Anket
İsim: David Tweeter
Makine izlemek - Farketmez
İnsanlarla konuşmak - Severim
Müşterilere hizmet etmek - Farketmez
Araba, kamyon sürmek - Severim
İçeride çalışmak - Severim
Dışarıda çalışmak - Severim
Çok hatırlamak - Farketmez
Seyahat - Severim
Değerlendirmek, kontrol etmek - Nefret ederim
Kirli iş - Farketmez
Monoton iş - Nefret ederim
Ağır iş - Farketmez
Lider olmak - Farketmez
Takım olarak çalışmak - Farketmez
Çalışırken hayal etmek - Severim
Eğitmek - Farketmez
Yaratıcı çalışma yapmak - Severim
Metinlerle çalışmak - Severim

Questionnaire
Name: David Tweeter
Watch machines - I do not mind
Speak with people - I like
Serve customers - I do not mind
Drive cars, trucks - I like
Work inside - I like
Work outside - I like
Remember a lot - I do not mind
Travel - I like
Estimate, check - I hate
Dirty work - I do not mind
Monotonous work - I hate
Hard work - I do not mind
Be leader - I do not mind
Work in team - I do not mind
Dream while working - I like
Train - I do not mind
Do creative work - I like
Work with texts - I like

Anket
İsim: *Robert Genscher*
Makine izlemek - Farketmez
İnsanlarla konuşmak - Severim
Müşterilere hizmet etmek - Farketmez
Araba, kamyon sürmek - Farketmez
İçeride çalışmak - Severim
Dışarıda çalışmak - Severim
Çok hatırlamak - Farketmez
Seyahat - Severim
Değerlendirmek, kontrol etmek - Farketmez
Kirli iş - Farketmez
Monoton iş - Nefret ederim
Ağır iş - Farketmez
Lider olmak - Nefret ederim

Questionnaire
Name: Robert Genscher
Watch machines - I do not mind
Speak with people - I like
Serve customers - I do not mind
Drive cars, trucks - I do not mind
Work inside - I like
Work outside - I like
Remember a lot - I do not mind
Travel - I like
Estimate, check - I do not mind
Dirty work - I do not mind
Monotonous work - I hate
Hard work - I do not mind
Be leader - I hate
Work in team - I like

Takım olarak çalışmak - Severim
Çalışırken hayal etmek - Severim
Eğitmek - Farketmez
Yaratıcı çalışma yapmak - Severim
Metinlerle çalışmak - Severim

Dream while working - I like
Train - I do not mind
Do creative work - I like
Work with texts - I like

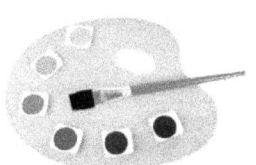

26

"San Francisco Haberleri"ne başvurmak

Applying to "San Francisco News"

A

Kelimeler

Words

1. aile durumu - family status
2. akıcı bir şekilde - fluently
3. alan - field
4. aldı - took
5. altını çizmek - underline
6. başvurmak - apply
7. Bayan - Miss
8. bekar - single
9. bırakmak - leave
10. bilgi - information
11. boş - blank, empty
12. cinsiyet - sex
13. çalıştı - worked
14. değerlendirdi - estimated
15. devriye - patrol
16. durum - status
17. editör - editor
18. eğitim - education
19. erkek - male
20. eşlik etmek - accompany

21. finans - finance
22. form - form
23. görüşürüz - goodbye
24. hafta - week
25. ihbar etmek - report
26. ikinci ad - middle name
27. kadın - female
28. muhbir - reporter
29. onyedi - seventeen
30. önerdi - recommended
31. polis - police
32. sordu - asked
33. suçlu - criminal
34. uyruk - nationality
35. vardı - arrived
36. verdi - gave
37. yıldız işareti - asterisk
38. yirmibir - twenty-one

B

Bayan Sharp, David'in ve Robert'ın anketteki cevaplarını değerlendirdi. Onların kişisel kabiliyetlerini öğrendiğinde onlara uygun meslekler hakkında birkaç öneri verdi. O üçüncü tür mesleğin onlar için en uygun olduğunu söyledi. Bir doktor, öğretmen veya gazeteci vb. olarak çalışabilirlerdi. Bayan Sharp onlara "San Francisco Haberleri" gazetesine başvurmalarını önerdi. Suçlu kırmızı başlıklar için polis raporları yazabilen öğrencilere yarı zamanlı iş verdiler. Böylece Robert ve David "San Francisco Haberleri" nin personel departmanına vardılar ve bu işe başvurdular.
David, personel departmanının başı olan Bayan Slim'e "Bugün iş danışmanlığı "Uygun personel"e gittik," dedi, "Onlar gazetenize başvurmamızı önerdiler."
"Pekala, önceden hiç muhbir olarak çalıştınız mı?" diye sordu Bayan Slim.
"Hayır, çalışmadık," diye cevapladı David.
"Lütfen, bu kişisel bilgi formlarını doldurun," dedi Bayan Slim ve onlara iki form verdi. Robert ve David kişisel bilgi formlarını doldurdu.

Kişisel bilgi formu
Yıldız işareti * olan alanları doldurmak zorunludur. Diğer alanları boş bırakabilirsiniz.
Ad* - *David*
İkinci ad
Soyad* - *Tweeter*

Mrs. Sharp estimated David's and Robert's answers in the questionnaires. When she learned about their personal gifts she could give them some recommendations about suitable professions. She said that the third profession kind is the most suitable for them. They could work as a doctor, a teacher or a journalist etc. Mrs. Sharp recommended them to apply for a job with the newspaper "San Francisco News". They gave a part time job to students who could compose police reports for the criminal rubric. So Robert and David arrived at the personnel department of the newspaper "San Francisco News" and applied for this job.
"We have been to the job consultancy "Suitable personnel" today," David said to Miss Slim, who was the head of the personnel department, "They have recommended us to apply to your newspaper."
"Well, have you worked as a reporter before?" Miss Slim asked.
"No, we have not," David answered.
"Please, fill up these personal information forms," Miss Slim said and gave them two forms. Robert and David filled up the personal information forms.

Personal information form
You must fill up fields with asterisk *. You can leave other fields blank.
First name* - *David*
Middle name
Last name* - *Tweeter*
Sex* (underline) - *Male* Female

Cinsiyet* *(altını çizin)* - <u>Erkek</u> Kadın
Yaş* - *Yirmi yaşındayım*
Uyruk* - *ABD*
Aile durumu *(altını çizin)* - <u>bekar</u> evli
Adres* - *11 Queen caddesi, San Francisco, ABD*
Eğitim - *Bir üniversitede Gazetecilik okuyorum ve üçüncü senemdeyim*
Daha önce nerede çalıştınız? - *Bir çiftlik işçisi olarak iki ay boyunca çalıştım*
Nasıl deneyim ve beceriler edindiniz?* - *Bir araba, kamyon sürebilirim ve bir bilgisayar kullanabilirim*
Diller* 0 - yok, 10 - akıcı bir şekilde - *İspanyolca - 8, İngilizce - 10*
Ehliyet* *(altını çizin)* - Hayır <u>Evet</u> Tür: *BC, Kamyon sürebilirim*
Size gereken iş* *(altını çizin)* - Tam zamanlı <u>Yarı zamanlı</u>: *Haftada 15 saat*
Kazanmak istediğiniz miktar - *Saatte 15 dolar*

Kişisel bilgi formu
*Yıldız işareti * olan alanları doldurmak zorunludur. Diğer alanları boş bırakabilirsiniz.*

Ad* - *Robert*
İkinci ad
Soyad* - *Genscher*
Cinsiyet* *(altını çizin)* - <u>Erkek</u> Kadın
Yaş* - *Yirmi bir yaşındayım*
Milliyet* - *Alman*
Aile durumu *(altını çizin)* - <u>Bekar</u> Evli
Adres* - *218 numaralı oda, öğrenci yurtları, Üniversite Caddesi 36, San Francisco, ABD.*
Eğitim - *Bir üniversitede bilgisayar tasarımı okuyorum ve ikinci senemdeyim*
Daha önce nerede çalıştınız? - *Bir çiftlik işçisi olarak iki ay boyunca çalıştım*
Nasıl deneyim ve beceriler edindiniz?* - *Bir bilgisayar kullanabilirim*
Diller* 0 - yok, 10 - akıcı bir şekilde - *Almanca - 10, İngilizce - 8*
Ehliyet* *(altını çizin)* - <u>Hayır</u> Evet Tür:
Size gereken iş* *(altını çizin)* - Tam zamanlı <u>Yarı zamanlı</u>: *Haftada 15 saat*

Age* - *Twenty years old*
Nationality* - *US*
Family status (underline) - <u>single</u> married
Address* - *11 Queen street, San Francisco, USA*
Education - *I am studying Journalism in the third year at a college*
Where have you worked before? - *I worked for two months as a farm worker*
What experience and skills have you had?* - *I can drive a car, a truck and I can use a computer*
Languages* 0 - no, 10 - fluently - *Spanish - 8, English - 10*
Driving license* (underline) - No <u>Yes</u> Kind: *BC, I can drive trucks*
You need a job* (underline) - Full time <u>Part time:</u> *15 hours a week*
You want to earn - *15 dollars per hour*

Personal information form
*You must fill up fields with asterisk *. You can leave other fields blank.*

First name* - *Robert*
Middle name
Last name* - *Genscher*
Sex* (underline) - <u>Male</u> Female
Age* - *Twenty-one years old*
Nationality* - *German*
Family status (underline) - <u>Single</u> Married
Address* - *Room 218, student dorms, College Street 36, San Francisco, the USA.*
Education - *I study computer design in the second year at a college*
Where have you worked before? - *I worked for two months as a farm worker*
What experience and skills have you had?* - *I can use a computer*
Languages* 0 - no, 10 - fluently - *German - 10, English - 8*
Driving license* (underline) - <u>No</u> Yes Kind:
You need a job* (underline) - Full time <u>Part time:</u> *15 hours a week*
You want to earn - *15 dollars per hour*

Kazanmak istediğiniz miktar - *Saatte 15 dolar*
Bayan Slim onların kişisel bilgi formlarını "San Francisco Haberleri" nin editörüne götürdü.

"Editör kabul etti," dedi Bayan Slim geri döndüğünde, "Bir polis devriyesine eşlik edeceksiniz ve sonra suçla ilgili kırmızı başlık için raporlar yazacaksınız. Bir polis arabası yarın saat onyedide sizi almaya gelecek. O zamanda burada olun, tamam mı?"
"Tabii ki," diye cevapladı Robert.
"Evet, olacağız," dedi David, "Görüşürüz."
"Görüşürüz," diye cevapladı Bayan Slim.

Miss Slim took their personal information forms to the editor of "San Francisco News".
"The editor has agreed," Miss Slim said when she came back, "You will accompany a police patrol and then compose reports for the criminal rubric. A police car will come tomorrow at seventeen o'clock to take you. Be here at this time, will you?"
"Sure," Robert answered.
"Yes, we will," David said, "Goodbye."
"Goodbye," Miss Slim answered.

27

Polis devriyesi (bölüm 1)

The police patrol (part 1)

 A

Kelimeler
Words

1. açtı - opened
2. alarm - alarm
3. anahtar - key
4. anladı - understood
5. bağırdı - cried
6. bastı - stepped
7. bekledi - waited
8. çalıştı - started (to drive), tried
9. çavuş - sergeant
10. emniyet kemeri - seat belts
11. eşlik etti - accompanied
12. etrafa bakınmak - look around
13. fiyat - price
14. gösterdi - showed
15. havladı - barked
16. herkes - everybody
17. hırsız - thief
18. hırsızlar - thieves
19. hız yapan sürücü - speeder
20. hızla geçti - rushed
21. inleyen - howling
22. kahretsin - damn
23. kapalıydı - closed
24. karşılaştı - met
25. kelepçe - handcuffs
26. korkmuş - afraid
27. kuru - dry *(adj)*; kurutmak - to dry
28. limit - limit
29. memur, polis - officer, policeman
30. mikrofon - microphone

31. on iki - twelve
32. sakladı - hid
33. silah - gun
34. siren - siren
35. Sorun ne? - What is the matter?
36. soygun - robbery
37. sürat, hız - speed; süratle gitmek - to speed

38. sürdü - drove
39. takip - pursuit
40. takmak - fasten
41. yaptı - did
42. yüksek - high
43. yüz - hundred

B

Robert ve David ertesi gün saat onyedide "San Francisco Haberleri" gazetesinin binasına vardılar. Polis arabası onları bekliyordu bile. Bir polis arabadan indi.
O David ve Robert arabaya geldiklerinde "Merhaba. Ben çavuş Frank Strict," dedi.
"Merhaba. Tanıştığıma memnun oldum. Benim adım Robert. Size eşlik etmeliyiz," diye cevapladı Robert.
"Merhaba. Ben David. Bizi uzun süredir bekliyor muydunuz?" diye sordu David.
"Hayır. Henüz şimdi buraya geldim. Arabaya binelim. Şehir devriyesine şimdi başlayacağız," dedi polis. Hepsi polis arabasına bindiler.
"İlk kez mi bir polis devriyesine eşlik ediyorsunuz?" diye sordu çavuş Strict motoru çalıştırırken.
"Daha önce hiçbir polis devriyesine eşlik etmedik," diye cevapladı David.
O sırada polis radyosu konuşmaya başladı: "P11 ve P07 dikkat! Mavi bir araba Üniversite caddesi boyunca süratle gidiyor."
Çavuş Strict mikrofona "P07 anlaşıldı," dedi. Sonra oğlanlara dedi ki: "Arabamızın numarası P07." Büyük mavi bir araba onların yanından çok yüksek hızla süratle geçti. Frank Strict mikrofonu tekrar aldı ve dedi: "P07 konuşuyor. Süratli mavi arabayı görüyorum. Takip başlasın," sonra oğlanlara dedi ki, "Kemerlerinizi takın." Polis arabası çabucak çalıştı. Çavuş gaza frene kadar bastı ve sireni açtı. Onlar binaları, arabaları ve otobüsleri inleyen sirenle geçtiler. Frank Strict mavi arabayı durdurdu. Çavuş

Robert and David arrived at the building of the newspaper "San Francisco News" at seventeen o'clock next day. The police car was waiting for them already. A policeman got out of the car.
"Hello. I am sergeant Frank Strict," he said when David and Robert came to the car.
"Hello. Glad to meet you. My name is Robert. We must accompany you," Robert answered.
"Hello. I am David. Were you waiting long for us?" David asked.
"No. I have just arrived here. Let us get into the car. We begin city patrolling now," the policeman said. They all got into the police car.
"Are you accompanying a police patrol for the first time?" sergeant Strict asked starting the engine.
"We have never accompanied a police patrol before," David answered.
At this moment the police radio began to talk: "Attention P11 and P07! A blue car is speeding along College street."
"P07 got it," sergeant Strict said in the microphone. Then he said to the boys: "The number of our car is P07." A big blue car rushed past them with very high speed. Frank Strict took the mic again and said: "P07 is speaking. I see the speeding blue car. Begin pursuit," then he said to the boys, "Fasten your seat belts." The police car started quickly. The sergeant stepped on the gas up to the stop and switched on the siren. They rushed with the howling siren past buildings, cars and buses. Frank Strict made the blue car stop. Sergeant got out of the car and went

arabadan indi ve hız yapan sürücüye gitti. David ve Robert arkasından gittiler.

"Ben polis memuru Frank Strict. Lütfen ehliyetinizi gösterin," dedi polis hız yapan sürücüye.

Sürücü "İşte ehliyetim," diyerek ehliyetini gösterdi, "Sorun ne?" dedi öfkeyle.

"Şehir boyunca saatte yüz yirmi kilometre süratle arabayı sürüyordunuz. Hız limiti elli," dedi çavuş.

"Ah, bu. Görüyorsunuz, arabamı henüz yıkadım. O yüzden onu kurutmak için birazcık daha hızlı sürüyordum," dedi adam sinsi bir gülümsemeyle.

"Arabayı yıkamak pahalıya mal oluyor mu?" diye sordu polis.

"Çok değil. Oniki dolara mal oldu," dedi hız yapan sürücü.

"Fiyatları bilmiyorsun," dedi çavuş Strict, "Aslında iki yüz oniki dolara mal oluyor çünkü arabayı kurutmak için iki yüz dolar ödeyeceksiniz. İşte trafik cezanız. İyi günler," dedi polis.

O hız yapan sürücüye iki yüz dolarlık bir hız yapma cezası verdi ve polis arabasına geri döndü.

"Frank, sanırım hız yapanlarla çok tecrübeye sahipsin, öyle değil mi?" diye sordu David polise.

"Onlarla çok karşılaştım," dedi Frank motoru başlatarak, "Başta kızgın kaplanlar veya sinsi tilkiler gibi görünürler. Ancak onlarla konuştuktan sonra, korkmuş yavru kediler veya aptal maymunlar gibi görünürler. Şu mavi arabadaki gibi."

Bu sırada küçük beyaz bir araba şehir parkından uzak olmayan bir cadde boyunca yavaşça gidiyordu. Araba bir dükkanın yakınında durdu. Bir adam ve bir kadın arabadan indiler ve dükkana girdiler. Kapalıydı. Adam etrafa bakındı. Sonra çabucak birkaç anahtar çıkardı ve kapıyı açmaya çalıştı. Sonunda açtı ve içeri girdiler.

"Bak! Burada birçok elbise var!" dedi kadın. Büyük bir çanta çıkardı ve her şeyi oraya

to the speeder. David and Robert went after him.

"I am police officer Frank Strict. Show your driving license, please," the policeman said to the speeder.

"Here is my driving license," the driver showed his driving license. "What is the matter?" he said angrily.

"You were driving through the city with a speed of one hundred and twenty kilometers an hour. The speed limit is fifty," the sergeant said.

"Ah, this. You see, I have just washed my car. So I was driving a little faster to dry it up," the man said with a sly smile.

"Does it cost much to wash the car?" the policeman asked.

"Not much. It cost twelve dollars," the speeder said.

"You do not know the prices," sergeant Strict said, "It really costs you two hundred and twelve dollars because you will pay two hundred dollars for drying the car. Here is the ticket. Have a nice day," the policeman said. He gave a speeding ticket for two hundred dollars and the driving license to the speeder and went back to the police car.

"Frank, I think you have lots of experiences with speeders, haven't you?" David asked the policeman.

"I have met many of them," Frank said starting the engine, "At first they look like angry tigers or sly foxes. But after I speak with them, they look like afraid kittens or silly monkeys. Like that one in the blue car." Meanwhile a little white car was slowly driving along a street not far from the city park. The car stopped near a shop. A man and a woman got out of the car and went up to the shop. It was closed. The man looked around. Then he quickly took out some keys and tried to open the door. At last he opened it and they went inside.

"Look! There are so many dresses here!" the woman said. She took out a big bag and began to put in everything there. When the bag was full, she took it to the car and came back.

koymaya başladı. Çanta dolduğunda, arabaya götürdü ve geri geldi.

"Her şeyi çabucak al! Oh! Ne muhteşem bir şapka!" dedi adam. Vitrinden büyük siyah bir şapka aldı ve taktı.

"Şu kırmızı elbiseye bak! Çok beğendim!" dedi kadın ve çabucak kırmızı elbiseyi giydi. Daha başka çantası yoktu. Bu yüzden eline daha çok şey aldı, dışarı koştu ve onları arabaya koydu. Sonra daha çok şey getirmek için içeriye koştu.

Polis arabası P07, radyo konuşmaya başladığında yavaşça şehir parkı boyunca gidiyordu:

"Tüm devriyelerin dikkatine. Şehir parkının yakınındaki bir dükkandan soygun alarmı duyduk. Dükkanın adresi 72 Park caddesi."

"P07 anlaşıldı," dedi Frank mikrofona, "Bu yere çok yakınım. Oraya gidiyorum." Dükkanı çabucak buldular ve beyaz arabaya gittiler. Sonra arabadan indiler ve arkasına saklandılar. Yeni kırmızı elbiseli kadın dükkandan dışarı koştu. Polis arabasına birkaç elbise koydu ve dükkana geri koştu. Kadın bunu çabucak yaptı. Onun bir polis arabası olduğunu görmedi!

"Kahretsin! Silahımı polis merkezinde unuttum!" dedi Frank. Robert ve David Çavuş Strict'e baktılar ve sonra birbirlerine şaşırdılar. Polisin kafası o kadar çok karışmıştı ki David ve Robert ona yardım etmeleri gerektiğini anladılar. Kadın yine dükkandan koşarak çıktı, polis arabasına birkaç elbise koydu ve geri koştu. Sonra David Frank'e dedi ki: "Silahımız varmış gibi yapabiliriz."

"Hadi yapalım," diye cevapladı Frank, "Ancak siz kalkmayın. Hırsızların silahları olabilir," dedi ve sonra bağırdı, "Polis konuşuyor! Dükkanın içindeki herkes ellerini kaldırsın ve birer birer dükkandan çıksın!"

Bir dakika boyunca beklediler. Kimse çıkmadı. Sonra Robert'ın aklına bir fikir geldi.

"Eğer şimdi çıkmazsanız, polis köpeğini üstünüze salacağız!" diye bağırdı ve büyük kızgın bir köpek gibi havladı. Hırsızlar hemen elleri yukarı bir şekilde dışarı koştular. Frank çabucak onları kelepçeledi ve onları polis

"Take everything quickly! Oh! What a wonderful hat!" the man said. He took from the shop window a big black hat and put it on.

"Look at this red dress! I like it so much!" the woman said and quickly put on the red dress. She did not have more bags. So she took more things in her hands, ran outside and put them on the car. Then she ran inside to bring more things.

The police car P07 was slowly driving along the city park when the radio began to talk:

"Attention all patrols. We have got a robbery alarm from a shop near the city park. The address of the shop is 72 Park street."

"P07 got it," Frank said in the mic. "I am very close to this place. Drive there." They found the shop very quickly and drove up to the white car. Then they got out of the car and hid behind it. The woman in new red dress ran out of the shop. She put some dresses on the police car and ran back in the shop. The woman did it very quickly. She did not see that it was a police car!

"Damn it! I forgot my gun in the police station!" Frank said. Robert and David looked at the sergeant Strict and then surprised at each other. The policeman was so confused that David and Robert understood they must help him. The woman ran out of the shop again, put some dresses on the police car and ran back. Then David said to Frank: "We can pretend that we have guns."

"Let's do it," Frank answered, "But you do not get up. The thieves may have guns," he said and then cried. "This is the police speaking! Everybody who is inside the shop put your hands up and come slowly one by one out of the shop!"

They waited for a minute. Nobody came out. Then Robert had an idea.

"If you will not come out now, we will set the police dog on you!" he cried and then barked like a big angry dog. The thieves ran out with hands up immediately. Frank quickly put handcuffs on them and got them to the police car. Then he said to Robert: "It was a great idea pretending that we have a dog! You see, I

arabasına götürdü. Sonra Robert'a dedi ki: "Bir köpeğimiz varmış gibi yapmak harika bir fikirdi! Görüyorsun, silahımı ikinci kez unutuyorum. Üçüncü kez unuttuğumu öğrenirlerse, beni kovabilirler veya ofis işi yaptırabilirler. Bunu kimseye söylemeyeceksin, değil mi?"
"Tabii ki, hayır!" dedi Robert.
"Asla," dedi David.
"Bana yardım ettiğiniz için çok teşekkür ederim çocuklar!" Frank onların ellerini kuvvetle sıktı.
(devam edecek)

have forgotten my gun two times already. If they learn that I have forgotten it for the third time, they may fire me or make me do office work. You will not tell anybody about it, will you?"
"Sure, not!" Robert said.
"Never," David said.
"Thank you very much for helping me, guys!" Frank shook their hands strongly.
(to be continued)

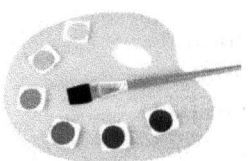

28

Polis devriyesi (bölüm 2)

The police patrol (part 2)

A

Kelimeler

Words

1. açıldı - opened
2. adam, adamlar - men
3. affetmek - excuse; affedersiniz - Excuse me.
4. aldı - taken
5. alışveriş merkezi - shopping center
6. az - seldom
7. basmak - press
8. baygın - unconscious
9. benim - mine
10. birisi - somebody
11. cam - glass
12. cep - pocket
13. cep telefonu - mobile
14. cevapladı - answered
15. çaldı - rang
16. çalındı - stolen
17. çevirdi - turned
18. da, ayrıca - either, too, also
19. dün - yesterday
20. gitti, yok - gone
21. gizlice - secretly
22. gördü - saw
23. henüz - yet
24. kasa - safe
25. kasiyer - cashier, teller

26. kimin - whose
27. korumak - protect
28. normal - usual
29. para - cash
30. saygılarımla - yours sincerely
31. sekme - ricochet
32. soygun - robbery
33. soyguncu - robber
34. telefon - phone; telefon etmek - to phone
35. tuş - button
36. vurdu - shot
37. yazarkasa - cash register
38. zeki, zekice - clever

B

Ertesi gün Robert ve David yine Frank'e eşlik ediyorlardı. Bir kadın onların yanına geldiğinde onlar büyük bir alışveriş merkezinin yakınında duruyorlardı.
"Lütfen bana yardım edebilir misiniz?" diye sordu o.
"Tabii ki, hanımefendi. Ne oldu?" diye sordu Frank.
"Cep telefonum yok. Sanırım çalındı."
"Bugün kullanıldı mı?" diye sordu polis.
"Alışveriş merkezinden çıkmadan önce benim tarafımdan kullanıldı," diye cevapladı.
"İçeri girelim," dedi Frank. Alışveriş merkezine girdiler ve etrafa bakındılar. Orada birçok insan vardı.
"Eski bir numara deneyelim," diyerek Frank kendi telefonunu çıkardı, "Telefon numaranız nedir?" diye kadına sordu. Kadın söyledi ve o kadının telefon numarasını aradı. Onlardan uzak olmayan bir cep telefonu çaldı. Onlar çaldığı yere gittiler. Orada bir sıra vardı. Sıradaki bir adam polise baktı ve sonra çabucak kafasını başka bir yere çevirdi. Polis daha da yaklaştı ve dikkatle dinledi. Telefon adamın cebinde çalıyordu.
"Affedersiniz," dedi Frank. Adam ona baktı.
"Affedersiniz, telefonunuz çalıyor," dedi Frank.
"Nerede?" dedi adam.
"Burada, cebinizde," dedi Frank.
"Hayır, çalmıyor," dedi adam.
"Evet, çalıyor," dedi Frank.
"Benim değil o," dedi adam.
"O zaman cebinizde kimin telefonu çalıyor?" diye sordu Frank.

Next day Robert and David were accompanying Frank again. They were standing near a big shopping centre when a woman came to them.
"Can you help me please?" she asked.
"Sure, madam. What has happened?" Frank asked.
"My mobile phone is gone. I think it has been stolen."
"Has it been used today?" the policeman asked.
"It had been used by me before I went out of the shopping centre," she answered.
"Let's get inside," Frank said. They went into the shopping centre and looked around. There were many people there.
"Let's try an old trick," Frank said taking out his own phone, "What is your telephone number?" he asked the woman. She said and he called her telephone number. A mobile telephone rang not far from them. They went to the place where it was ringing. There was a queue there. A man in the queue looked at the policeman and then quickly turned his head away. The policeman came closer listening carefully. The telephone was ringing in the man's pocket.
"Excuse me," Frank said. The man looked at him.
"Excuse me, your telephone is ringing," Frank said.
"Where?" the man said.
"Here, in your pocket," Frank said.
"No, it is not," the man said.
"Yes, it is," Frank said.
"It is not mine," the man said.
"Then whose telephone is ringing in your

"Bilmiyorum," diye cevapladı adam.
"Bakayım, lütfen," dedi Frank ve telefonu adamın cebinden aldı.
"Oh, bu benim!" diye bağırdı kadın.
"Telefonunuzu alın, hanımefendi," dedi Frank kadına onu vererek.
Frank "Bakabilir miyim, efendim?" diye sordu ve yine elini adamın cebine soktu. Başka bir telefon çıkardı, ve sonra bir tane daha.
Frank adama "Bunlar da mı sizin değil?" diye sordu.
Adam başka bir yere bakarak kafasını salladı.
"Ne tuhaf telefonlar!" diye bağırdı Frank.
"Sahiplerinden kaçmışlar ve bu adamın cebine zıplamışlar! Ve şimdi onun cebinde çalıyorlar, değil mi?"
"Evet, öyle," dedi adam.
"Biliyorsunuz, benim işim insanları korumak. Ve ben sizi onlardan koruyacağım. Arabama binin ve sizi hiçbir telefonun cebinize atlayamayacağı yere götüreyim. Polis merkezine gidelim," dedi polis. Sonra adamı kolundan tuttu ve onu polis arabasına götürdü.
Hırsızı polis merkezine götürdükten sonra Frank Strict "Aptal suçluları seviyorum," diyerek gülümsedi.
"Daha önce hiç akıllı olanlarla karşılaştın mı?" diye sordu David.
"Evet, karşılaştım. Ancak çok azıyla," diye cevapladı polis, "Çünkü akıllı bir suçluyu yakalamak çok zordur."
Bu sırada iki adam Express Bankasına geldi. Biri sıraya girdi. Diğeri yazarkasanın önüne geldi ve kasiyere bir kağıt verdi. Kasiyer kağıdı aldı ve okudu:
"Sevgili Efendim, Bu Express Bankasının bir soygunudur. Bana tüm parayı verin. Vermezseniz, silahımı kullanacağım. Teşekkür ederim.
Saygılarımla, Bob"
Kasiyer gizlice alarm tuşuna basarken "Sanırım size yardım edebilirim," dedi, "Ancak paralar benim tarafımdan dün bir kasaya kitlendi. Kasa henüz açılmadı. Birine kasayı açmasını ve

pocket?" Frank asked.
"I do not know," the man answered.
"Let me see, please," Frank said and took the telephone out of the man's pocket.
"Oh, it is mine!" the woman cried.
"Take your telephone, madam," Frank said giving it to her.
"May I, sir?" Frank asked and put his hand in the man's pocket again. He took out another telephone, and then one more.
"Are they not yours either?" Frank asked the man.
The man shook his head looking away.
"What strange telephones!" Frank cried.
"They ran away from their owners and jump into the pockets of this man! And now they are ringing in his pockets, aren't they?"
"Yes, they are," the man said.
"You know, my job is to protect people. And I will protect you from them. Get in my car and I will bring you to the place where no telephone can jump in your pocket. We go to the police station," the policeman said. Then he took the man by the arm and took him to the police car.
"I like silly criminals," Frank Strict smiled after they had taken the thief to the police station.
"Have you met smart ones?" David asked.
"Yes, I have. But very seldom," the policeman answered, "Because it is very hard to catch a smart criminal."
Meanwhile two men came into the Express Bank. One of them took a place in a queue. Another one came up to the cash register and gave a paper to the cashier. The cashier took the paper and read:
"Dear Sir, this is a robbery of the Express Bank. Give me all the cash. If you do not, then I will use my gun. Thank you.
Sincerely yours, Bob"
"I think I can help you," the cashier said pressing secretly the alarm button, "But the money had been locked by me in the safe yesterday. The safe has not been opened yet. I will ask somebody to open the safe and bring the money. Okay?"
"Okay! But do it quickly!" the robber

paraları getirmesini söyleyeceğim. Tamam mı?"
"Tamam! Ama çabuk yap!" diye cevapladı soyguncu.
"Paralar çantalara konulurken size bir fincan kahve yapayım mı?" diye sordu kasiyer.
"Hayır, teşekkür ederim. Sadece para," diye cevapladı soyguncu.
Polis arabası P07'deki radyo konuşmaya başladı: "Tüm devriyelerin dikkatine. Express Bankasından bir soygun alarmı aldık."
"P07 anlaşıldı," diye cevapladı çavuş Strict. O frene kadar gaza bastı ve araba çabucak çalıştı. Bankaya gittiklerinde, henüz başka bir polis arabası yoktu.
"İçeri girersek ilginç bir rapor yazacağız," dedi David.
"Siz çocuklar ne gerekiyorsa yapın. Ve ben arka kapıdan içeri geleceğim," dedi çavuş Strict. Silahını aldı ve çabucak bankanın arka kapısına gitti. David ve Robert esas kapıdan bankaya geldiler. Yazarkasanın yanında duran bir adam gördüler. O bir elini cebine koydu ve etrafa bakındı. Onunla gelen adam, sıradan uzaklaştı ve ona geldi.
"Para nerede?" diye Bob'a sordu.
"Roger, kasiyer çantalara konulduğunu söyledi," diye cevapladı başka bir soyguncu.
"Beklemekten yoruldum!" dedi Roger. Bir silah çıkardı ve kasiyere doğrulttu, "Tüm parayı şimdi getir!" diye kasiyere bağırdı soyguncu. Sonra mekanın ortasına gitti ve bağırdı: "Herkes dinlesin! Bu bir soygundur! Kimse kımıldamasın!" O an yazarkasanın yakınındaki birisi hareket etti. Silahlı soyguncu bakmadan ona ateş etti. Başka bir soyguncu yere düştü ve bağırdı: "Roger! Aptal! Kahretsin! Beni vurdun!"
"Oh, Bobby! Senin olduğunu görmedim!" dedi Roger. O an kasiyer çabucak kaçtı.
Roger Bob'a "Kasiyer kaçtı ve para henüz buraya getirilmedi!" diyerek bağırdı, "Polis yakında buraya gelebilir! Ne yapmalıyız?"
"Büyük bir şey al, camı kır ve parayı al. Çabuk!" diye bağırdı Bob. Roger metal bir sandalye aldı

answered.
"Shall I make you a cup of coffee while the money is being put in bags?" the cashier asked.
"No, thank you. Just money," the robber answered.
The radio in the police car P07 began to talk: "Attention all the patrols. We have got a robbery alarm from the Express Bank."
"P07 got it," sergeant Strict answered. He stepped on the gas up to the stop and the car started quickly. When they drove up to the bank, there was no other police car yet.
"We will make an interesting report if we go inside," David said.
"You guys do what you need. And I will come inside through the back door," sergeant Strict said. He took out his gun and went quickly to the back door of the bank. David and Robert came into the bank through the central door. They saw a man standing near the cash register. He put one hand in his pocket and looked around. The man, who came with him, stepped away from the queue and came up to him.
"Where is the money?" he asked Bob.
"Roger, the cashier has said that it is being put in bags," another robber answered.
"I am tired of waiting!" Roger said. He took out a gun and pointed it to the cashier, "Bring all the money now!" the robber cried at the cashier. Then he went to the middle of the room and cried: "Listen all! This is a robbery! Nobody move!" At this moment somebody near the cash register moved. The robber with the gun without looking shot at him. Another robber fell on the floor and cried: "Roger! You idiot! Damn it! You have shot me!"
"Oh, Bobby! I did not see that it was you!" Roger said. At this moment the cashier quickly ran out.
"The cashier has run away and the money has not been taken here yet!" Roger cried to Bob, "The police may arrive soon! What shall we do?"
"Take something big, break the glass and take the money. Quickly!" Bob cried. Roger took a

ve kasanın camına vurdu. Tabii ki normal bir cam değildi ve kırılmadı. Ancak sandalye sekmeyle geri tepti ve soyguncunun başına çarptı! O baygın bir şekilde yere düştü. O an çavuş Strict içeri koştu ve çabucak soygunculara kelepçe taktı. David ve Robert'a döndü. "Söylemiştim! Çoğu suçlu sadece aptal!" dedi.

metal chair and hit the glass of the cash register. It was of course not usual glass and it did not break. But the chair went back by ricochet and hit the robber on the head! He fell on the floor unconsciously. At this moment sergeant Strict ran inside and quickly put handcuffs on the robbers. He turned to David and Robert.
"I did say! Most criminals are just silly!" he said.

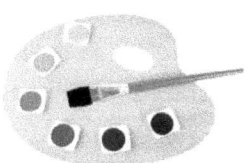

29

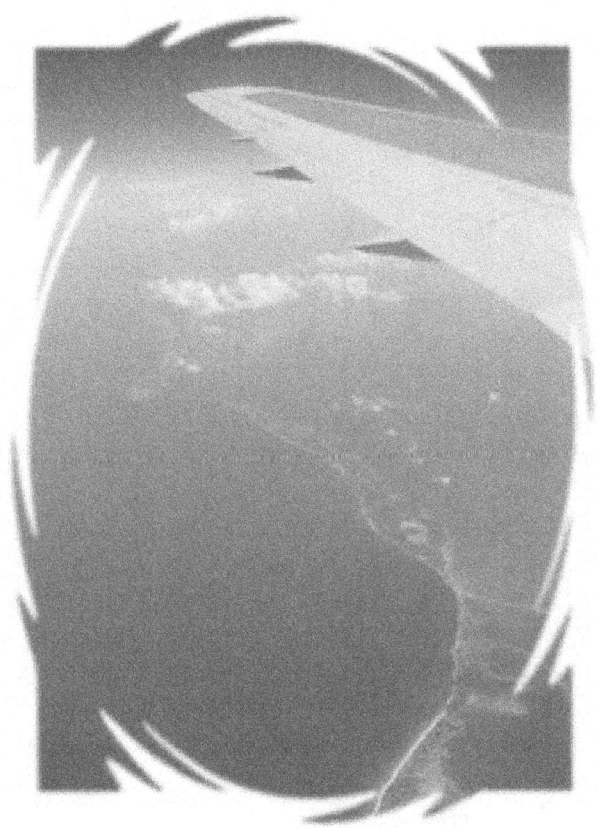

Yabancı Öğrenciler Okulu (YÖO) ve au pair

School for Foreign Students (SFS) and au pair

 A

Kelimeler

Words

1. adaletsiz - unfair
2. anlaşma - agreement
3. aradı - called
4. beri - since *(temporal)*
5. bir kere - once
6. Birleşik Devletler, ABD - the United States /the USA
7. da - also
8. değişim - change; değişmek - to change
9. e-mail - e-mail
10. en yakın - nearest
11. ev sahibi - host
12. ev sahibi aile - the host family
13. geçti - passed

14. gönderdi - sent
15. hizmetçi - servant
16. için - as, since *(kausal)*
17. iki kere - twice
18. imkan - possibility
19. internet sitesi - Internet site
20. katılımcı - participant
21. katılmak - join
22. kız - daughter
23. kişi - person
24. köy - village
25. kurs - course
26. Kuzey Amerika ve Avrasya - North America and Eurasia
27. mektup - letter
28. ödedi - paid
29. ödemek - pay
30. öğreniyor - learning
31. problem - problem
32. seçmek - choose
33. seçti - chose
34. standart - standard
35. tarih - date
36. umut - hope; umut etmek - to hope
37. ülke - country
38. yarışma - competition
39. yaşadı - lived
40. yaşça büyük - elder
41. yazdı - wrote
42. ziyaret etti - visited

B

Robert'ın kız kardeşi, erkek kardeşi ve ebeveynleri Almanya'da yaşıyorlardı. Hannover'da yaşıyorlardı. Onun kız kardeşinin adı Gabi'ydi. O yirmi yaşındaydı. O onbir yaşından beri İngilizce öğreniyordu. Gabi onbeş yaşına geldiğinde, YÖO programına katılmak istemişti. YÖO, bir ev sahibi aile ile yaşayarak ve bir Amerikan okulda okuyarak Avrasya'dan bazı lise öğrencilerinin ABD'de bir yıl geçirmelerine imkan sağlıyor. Program ücretsiz. Uçak biletleri, bir aile ile yaşamak, yemek, Amerikan bir okulda okumak YÖO tarafından ödenir. Ancak internet sitesinden yarışma tarihinin bilgisini edindiğinde, yarışma günü geçmişti bile.
Sonra o au pair programını öğrendi. Bu program katılımcılarına başka bir ülkede bir ev sahibi aileyle, çocuklara bakarak ve bir dil kursunda dil öğrenerek bir yıl geçirme imkanı sağlıyor. Robert San Francisco'da çalıştığı için, Gabi ona bir e-mail yazdı. O, ABD'de onun için bir ev sahibi aile bulmasını istedi. Robert bazı ilanlı gazetelere ve internet sitelerine baktı. Sonra o http://www.aupair-world.net /'te ABD'den birkaç ev sahibi aile buldu. Sonra Robert San Francisco'da bir au pair acentesini ziyaret etti.

Robert's sister, brother and parents lived in Germany. They lived in Hannover. The sister's name was Gabi. She was twenty years old. She had learned English since she was eleven years old. When Gabi was fifteen years old, she wanted to take part in the program SFS. SFS gives the possibility for some high school students from Eurasia to spend a year in the USA, living with a host family and studying in an American school. The program is free. Airplane tickets, living with a family, food, studying at American school are paid by SFS. But by the time when she got the information about the competition date from the Internet site, the competition day had passed.
Then she learned about the program de au pair. This program gives its participants the possibility to spend a year or two in another country living with a host family, looking after children and learning at a language course. Since Robert was studying in San Francisco, Gabi wrote him an e-mail. She asked him to find a host family for her in the USA. Robert looked through some newspapers and Internet sites with adverts. He found some host families from the USA on http://www.aupair-world.net /. Then Robert visited an au pair

Ona bir kadın danışmanlık yaptı. Onun ismi Alice Sunflower'dı.

Robert Alice'e "Kız kardeşim Almanyalı. O bir Amerikalı aile ile au pair olmak istiyor. Bu konuda bana yardım eder misiniz?" diye sordu.

"Size yardım etmekten memnun olurum. Au pair'leri tüm ABD'den ailelere yerleştiriyoruz. Bir au pair evde yardımcı olmak için ve çocuklara bakmak için ev sahibi bir aileye katılan bir kişidir. Ev sahibi aile au pair'e yemek, bir oda ve harçlık verir. Harçlık 200 ve 600 dolar arası olabilir. Ev sahibi aile au pair'e bir dil kursu için de ödeme yapmalıdır," dedi Alice.

"Orada iyi ve kötü aile var mı?" diye sordu Robert.

"Bir aile seçerken iki problem vardır. Birincisi bazı aileler bir au pair'in, tüm aile üyeleri için yemek, temizlik, yıkama, bahçede çalışma vb. gibi evde her şeyi yapması gereken bir hizmetçi olduğunu sanar. Ancak bir au pair hizmetçi değildir. Bir au pair ebeveynlere daha küçük çocuklar konusunda yardım eden ailenin yaşça büyük kızı veya oğlu gibidir. Onlar haklarını korumak için ev sahibi aile ile bir anlaşma yapmalıdır. Bazı au pair acenteleri veya ev sahibi aileler "standart" anlaşma kullandıklarını söylediğinde inanmayın. Standart anlaşma yoktur. Eğer adaletsiz ise au pair anlaşmanın herhangi bir kısmını değiştirebilir. Bir au pair'ın ve ev sahibi ailenin yapacağı her şey bir anlaşmada yazılı olmalıdır.

İkinci problem şudur: Bazı aileler dil kurslarının olmadığı ve bir au pair'in boş zamanında gidebileceği çok az sayıda yerin olduğu küçük köylerde yaşarlar. Bu durumda au pair en yakındaki büyük şehre gittiğinde ev sahibi ailenin gidiş dönüş biletini ödemesine anlaşmada yer vermek önemlidir. Haftada bir veya iki kere olabilir."

"Anlıyorum. Kız kardeşim San Francisco'dan bir aile istiyor. Bu şehirde iyi bir aile bulabilir misiniz?" diye sordu Robert.

"Pekala, şu an San Francisco'da yaklaşık yirmi aile var," diye cevapladı Alice. O onların

agency in San Francisco. He was consulted by a woman. Her name was Alice Sunflower.

"My sister is from Germany. She would like to be an au pair with an American family. Can you help on this matter?" Robert asked Alice.

"I will be glad to help you. We place au pairs with families all over the USA. An au pair is a person who joins a host family to help around the house and look after children. The host family gives the au pair food, a room and pocket money. Pocket money may be from 200 to 600 dollars. The host family must pay for a language course for the au pair as well," Alice said.

"Are there good and bad families?" Robert asked.

"There are two problems about choosing a family. First some families think that an au pair is a servant who must do everything in the house including cooking for all family members, cleaning, washing, working in the garden etc. But an au pair is not a servant. An au pair is like an elder daughter or son of the family who helps parents with younger children. To protect their rights au pairs must work out an agreement with the host family. Do not believe it when some au pair agencies or host families say that they use a "standard" agreement. There is no standard agreement. The au pair can change any part of the agreement if it is unfair. Everything that an au pair and host family will do must be written in an agreement.

The second problem is this: Some families live in small villages where there are no language courses and few places where an au pair can go in free time. In this situation it is necessary to include in the agreement that the host family must pay for two way tickets to the nearest big town when the au pair goes there. It may be once or twice a week."

"I see. My sister would like a family from San Francisco. Can you find a good family in this city?" Robert asked.

"Well, there are about twenty families from San Francisco now," Alice answered. She telephoned some of them. The host families were glad to have an au pair from Germany.

bazılarına telefon etti. Ev sahibi aileler Almanya'dan bir au pair edinmekten memnundu. Ailelerin çoğu Gabi'den fotoğrafla bir mektup almak istedi. Bazıları da biraz İngilizce konuşabildiğinden emin olmak için ona telefon etmek istediler. Böylece Robert onlara onun telefon numarasını verdi.

Bazı ev sahibi aileler Gabi'yi aradı. Sonra o onlara mektuplar gönderdi. Sonunda o uyumlu bir aile seçti ve Alice'in yardımıyla onlarla bir anlaşma yaptı. Aile Almanya'dan ABD'ye gidiş biletini ödedi. Sonunda Gabi ABD'ye umut ve hayal dolu bir şekilde yola çıktı.

Most of the families wanted to get a letter with a photograph from Gabi. Some of them also wanted to telephone her to be sure that she can speak English a little. So Robert gave them her telephone number.

Some host families called Gabi. Then she sent them letters. At last she chose a suitable family and with the help of Alice worked out an agreement with them. The family paid for the ticket from Germany to the USA. At last Gabi started for the USA full of hopes and dreams.

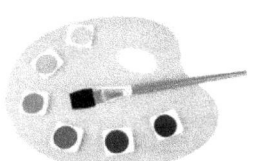

Turkish-English dictionary

ABD - USA
ABD'li - from the USA
acente - agency
aç - hungry; Ben açım. - I am hungry.
açıklamak - explain
açıldı - opened
açmak - open, turn on
açtı - opened, switched on
adaletsiz - unfair
adam, adamlar - man, men
adım - step; basmak - to step
adres - address
affetmek - excuse; affedersiniz - Excuse me.
aile - family
aile durumu - family status
akıcı bir şekilde - fluently
akıllı - smart
akım - current
akıntı - flow
akşam - evening
alan - field
alarm - alarm
aldı - taken, took
-alım /-elim - let us
alışveriş merkezi - shopping center
almak - get, take
Alman - German
altı - six
altıncı - sixth
altında - under
altını çizmek - underline
altmış - sixty
ama - but
Amerikalı - American
an - moment
ana okulu - kindergarten
anadil - native language
anahtar - key
aniden - suddenly
anket - questionnaire
anladı - understood
anlamak - understand
anlaşma - agreement
anne - mom, mother
aptal - silly
ara, mola - break, pause
araba - car
aracılığıyla, -den geçerek - through
aradı - called
aramak - call, call on the phone
arasında - between
arızalı - out of order
arkadaş - friend
arkadaş canlısı - friendly
arkasında - behind
asansör - lift
asla - never
aslan - lion
aspirin - aspirin
aşağı - down
ateş, yangın - fire
atıştırma - snack
avlu - yard
ayak - foot
ayakta durmak - stand
aynı anda - at the same time
aynı zamanda - also
aynısı - the same
ayrılmak - go away
az - few, seldom
baba - dad, daddy
bacak - leg
bağırdı - cried
bağırmak, ağlamak - cry
bahçe - garden
bakmak - look
baktı - looked
balina - whale
banka - bank
banyo - bathroom; küvet - bath
banyo masası - bathroom table
bardak - cup
basit - simple
basmak - press, step
bastı - stepped
baş - head; gitmek - to head, to go
başka (bir) - another
başladı - began
başlamak - begin, start
başvurmak - apply
Bay - mister, Mr.
Bayan - Miss

baygın - unconscious
bazen - sometimes
beceri - skill
bedensel iş - manual work
beğenmek, sevmek - like, love; Bunu beğendim. - I like that.
bekar - single
bekledi - waited
beklemek - wait
ben - I
beni, bana, benden - me
benim - mine, my
beraber - together
beri, için - since, since *(temporal)*, as
beslemek - feed
beş - five
beşinci - fifth
beyaz - white
bırakmak - leave
bildirdi - informed
bilet - ticket
bilgi - information
bilgilendirmek - inform
bilgisayar - computer
biliyordu - knew
bilmek - know
bin - thousand
bip - beep
bir - one
bir kere - once
bir sınavı geçmek - to pass a test
bir şey - something
bir tane daha - one more
bir yıl önce - a year ago
biraz, bazı, birkaç - slightly, some
birbirini tanımak - know each other
birçok - many, much
birer birer - one by one
birisi - somebody
birkaç - a few
Birleşik Devletler, ABD - the United States /the USA
bisiklet - bike
bisikletle gitmek, bisiklet sürmek - go by bike, ride a bike
bitirdi - finished
biz - we
bize, bizi, bizden - us

bizim - our
boş - blank, empty, free; boş zaman - free time
boyunca - along
bölüm - part
bu - this
bu arada - by the way
bu kitap - this book
bu sırada - meanwhile
bu şeyler - this stuff
bu yüzden - so
bugün - today
buldu - found
bulmak - find
buluşmak, tanışmak - meet
bunlar - these
burada - here is
buraya (yer) - here (a place)
buraya (yön) - here (a direction)
burun - nose
büro - office
büyük/daha büyük/en büyük - big/bigger/the biggest
cadde - street
caddeler - streets
cam - glass
CD - CD
CD çalar - CD player
ceket - jacket
cep - pocket
cep telefonu - mobile
cevap - answer
cevapladı - answered
cevaplamak - answer
cidden - seriously
cinsiyet - sex
cumartesi - Saturday
çabuk, çabucak - quick, quickly
çağrı - call; çağrı merkezi - call centre
çaldı - rang
çalındı - stolen
çalışan - working
çalışmak, okumak - study
çalıştı - started (to drive), tried, worked
çalma sesi - ring
çalmak - steal
çamaşır makinesi - washer
çanta - bag
çatı - roof

çavuş - sergeant
çay - tea
çekmek - pull
çevirdi - turned
çiçek - flower
çiftçi - farmer
çiftlik - farm
çocuk - child, guy
çocuklar - children
çok - lot, very
çok yönlü - all-round
çünkü - because
da, ayrıca - either, too, also
-da, -de - at, on
daha az - less
daha büyük - bigger
daha fazla - more
daha ileri - further
daha iyi - better
daha yakın - closer
dakika - minute
dalga - wave
danışmak - consult
danışman - consultant
danışmanlık - consultancy
dans etme - dancing
dans etmek - dance
David'in kitabı - David's book
de, da - in, too
-de /-da - as well
dedi - said
defter - notebook
defterler - notebooks
değerlendirdi - estimated
değerlendirmek - estimate
değil - not
değişim - change; değişmek - to change
demiryolu istasyonu - railway station
-den /-dan - than; George Linda'dan daha yaşlı. - George is older than Linda.
denemek - try
deniz - sea
deniz kıyısı - seashore
dergi - magazine
ders - lesson
ders kitabı - textbook
devam edecek - be continued
devam etmek - continue

devriye - patrol
-dı /-di - was, were
dışarıda - outdoors
diğer - else, other
-diği /-dığı - that; Bu kitabın ilginç olduğunu biliyorum. - I know that this book is interesting.
dikkat - attention
dikkat etmek - pay attention to
dikkatle - carefully
dikkatle dinlemek - listen carefully
dikkatli - careful
dil - language
dilemek - will
dinlemek - listen; Müzik dinlerim. - I listen to music.
direksiyon çevirmek - steer
dizi - serial
doğa - nature
doğru, doğru olarak - correct, correctly;
düzeltmek - to correct
doğrulttu - pointed
doktor - doctor
dokuz - nine
dokuzuncu - ninth
doldurmak - fill up
doldurulmuş - stuffed; doldurulmuş paraşütçü - stuffed parachutist
dolma kalem - pen
dolma kalemler - pens
donakalmak - freeze
dondurma - ice-cream
dökmek - pour
dönmek, çevirmek - turn
dördüncü - fourth
dört - four
döşek - mattress
durdu - stopped
durmak - stop
durum - situation, status
duydu - heard
dükkan - shop
dükkanlar - shops
dün - yesterday
dünya - earth, world
düşen - falling
düşmek - fall
düştü - fell

düşünme - thinking
düşünmek - think
DVD - DVD
-e /-a - into
ebeveyn - parent
-ebil- /-abil- - can, may; Okuyabiliyorum. - I can read.
eczane - pharmacy
editör - editor
eğer, -se /-sa - if
eğitim - education
eğitmek - train; eğitimli - trained
eğlence - fun
ehliyet - driving license
ekmek - bread
elbette - of course
elektrikli - electric
e-mail - e-mail
emniyet kemeri - seat belts
emretmek - order
-en, -dığı - that (conj)
-en/-an - which
en azından - at least
en sevdiği - favourite
en sevdiği film - favourite film
en yakın - nearest
endişelenmek - worry; Endişelenme! - Do not worry!
enerji - energy
erkek - male
erkek arkadaş - boyfriend
erkek kardeş - brother
eşlik etmek - accompany
eşlik etti - accompanied
etrafa bakınmak - look around
ev - home, house; eve gitmek - go home
ev sahibi - host
ev sahibi aile - the host family
evcil hayvan - pet
evet - yes
farklı - different
fikir - idea
film - film
finans - finance
firma - company, firm
firmalar - firms
fiyat - price
fiyatı (miktar) olmak - cost

form - form
fotoğrafçı - photographer
fotoğraflamak - photograph
fren - brake; fren yapmak - to brake
gaz - gas
gazete - newspaper
gazeteci - journalist
gece - night
geçe - past
geçmiş - past
geçti - passed
geldi - came
gelecek - future
gelişmek - develop
gelmek/gitmek - come/go
gemi - ship
genç - young
genellikle - often, usually
geniş, genişçe - wide, widely
gerçek - real
gerçekten - really
gerekmek, ihtiyacı olmak - need
geri - back
getirmek - bring
gezegen - planet
gibi - as
gitmek - go; Bankaya giderim. - I go to the bank.
gitti, yok - went away, gone
giyinmiş - dressed
giymek - put on
giysi - clothes
gizem - mystery
gizli - secret
gizlice - secretly
göl - lake
gönderdi - sent
gördü - saw
görev - task
görmek - see
görüşürüz - goodbye
gösterdi - showed
göstermek - show
göz - eye
gözler - eyes
gri - grey
güç - strength
güçlü, güçle, kuvvetle - strong, strongly

güle güle - bye
gülmek - laugh
gülümsedi - smiled
gülümseme - smile; gülümsemek - to smile
gün - day; günlük - daily
güzel - beautiful, nice
hafta - week
hala - still
hap - pill
harcamak - spend
hareket, numara - trick
harika - great
harita - map
hatırladı - remembered
hava - air, weather
havladı - barked
hayal, rüya - dream; hayal etmek, rüya görmek - to dream
hayat - life
hayat kurtarma numarası - life-saving trick
hayır - no
hayvan - animal
hayvanat bahçesi - zoo
hazır - ready
hazırlamak, hazırlanmak - prepare
hediye - gift
hemen - immediately
henüz - yet
hepsi - all
her - every
her şey - everything
her zaman - always
herhangi - any
herhangi bir şey - anything
herkes - everybody
Hey! - Hey!
hırsız - thief
hırsızlar - thieves
hız yapan sürücü - speeder
hızla geçti - rushed
hiç kimse - nobody
hiçbir şey - nothing
hikaye - story
hissederek - feeling
hizmet etmek - serve
hizmetçi - servant
ısınmak - warm up
ısırmak - bite

ıslak - wet
iç, içinde - inside
için - as, since *(kausal)*, for
içmek - drink
ihbar etmek - report
iki - two
iki kere - twice
ikinci - second
ikinci ad - middle name
ikinizden biri - either of you
ilan - advert
ile - with
ilerleyen - running
ilgilenmek - care
ilginç - interesting
imkan - possibility
inanmak - believe; gözlerine inanamamak - to not believe one's eyes
inleyen - howling
inmek - get off
insan - human
insanlar - people
internet sitesi - Internet site
isim - name
İspanyolca, İspanyol - Spanish
istedik - wanted
istemek - want
iş - job, work; çok işi olmak - have a lot of work
iş acentesi - job agency
işçi - worker
işveren - employer
itmek - push
iyi - fine, good (Adj.), well (Adv.)
iyileştirmek - rehabilitate
izin vermek - let
izlemeye devam etti - continued to watch
kablo - cable
kabul etmek - agree
kaçmak - run away
kadar - until
kadın - female, woman
kafası karışmış - confused
kafe - café
kağıt - paper
kahretsin - damn
kahvaltı - breakfast; kahvaltı etmek - have breakfast

kahve - coffee
kalkmak - get up; Kalk! - Get up!
kalmak - remain
kamyon - truck
Kanada - Canada
Kanadalı - Canadian
kanguru - kangaroo
kapalıydı - closed
kapatmak - close, turn off
kapı - door
kaplan - tiger
kaptan - captain
kara, karaya inmek - dark, land
karşı - against
karşılaştı - met
kasa - safe
kasiyer - cashier, teller
katılımcı - participant
katılmak - join
katil - killer
katil balina - killer whale
kavanoz - jar
kaybetmek - loose
kaydetmek - record
kaza - accident
kazanmak - earn; Saatte 10 dolar kazanırım. - I earn 10 dollars per hour.
kedi - cat
kedi yavrusu - kitten
kedicik - pussycat
kelepçe - handcuffs
kelime - word
kelimeler - words
kendi - own
keyfini çıkarmak - enjoy
kır saçlı - grey-headed
kırk dört - forty-four
kırmızı - red
kırmızı başlık - rubric
kısa - short
kısa süre içinde - soon
kıyı - shore
kız - daughter, girl
kız arkadaş - girlfriend
kız kardeş - sister
kızgın - angry
kilometre - kilometer
kim - who

kimin - whose
kimya - chemistry
kimyasal - chemical (adj)
kimyasallar - chemicals
kirli - dirty
kişi - person
kişisel - personal
kitap - book
kitaplık - bookcase
klavye - keyboard
kokmuş - stinking
kol - arm
koltuk - seat; (bir yere) oturmak - take a seat
komik - funny
kompozisyon - composition
komşu - neighbour
kontrol - control
kontrol etmek - check
konuşma - speech
konuşmak - speak, talk
koordinasyon - co-ordination
korkmuş - afraid
korumak - protect
koşmak - run
kova - pail
köpek - dog
köpek yavrusu - puppy
köprü - bridge
kötü - bad
köy - village
kristal - crystal
kulak - ear
kullanmak - use
kulüp - club
kum - sand
kural - rule
kurs - course
kurtarma hizmeti - rescue service
kurtarmak - rescue, save
kuru - dry *(adj)*; kurutmak - to dry
kuş - bird
kutu - box
kuyruk - tail
Kuzey Amerika ve Avrasya - North America and Eurasia
küçük - little, small
lastik - rubber
lazer - laser

lezzetli - tasty
lider - leader
limit - limit
liste - list
lütfen - please
macera - adventure
makine - machine
-mamalı- /-memeli- - must not
masa - desk, table
masalar - tables
mavi - blue
maymun - monkey
-meden /-madan - without
mektup - letter
-meli /-malı - must; Gitmeliyim. - I must go.
memnun - glad
memur, polis - officer, policeman
merdiven - stairs
merhaba - hello
merkez - centre; şehir merkezi - city centre
merkezi - central
meslek - profession
meslektaş - colleague
metal - metal
metin - text
metre - meter
mevsim - season
meydan - square
meydana geldi - happened
meydana gelmek - happen
mikrofon - microphone
milyar - billion
misafir - guest
mobilya - furniture
monoton - monotonous
motor - engine
muhbir - reporter
muhteşem - wonderful
musluk - tap
mutfak - kitchen
mutlu - happy
mutluluk - happiness
mühendis - engineer
mümkün - possible
mümkün olduğunca sık - as often as possible
müşteri - customer
müzik - music
nasıl - how

ne, hangi - what; Bu ne? - What is this?; Hangi masa? - What table?
Ne zaman, -dığı - when
nefret etmek - hate
nerede - where
normal - usual
not - note
numara - number
numarası yapmak - pretend
o - it, he, she
ocak - cooker
oda - room
odalar - rooms
oğlan - boy
oğul - son
okul - school
okuma, okuyan - reading
okumak, çalışmak - read, study
olağan - usual
oldukça - quite
olmak - be
on - ten
on iki - twelve
onbeş - fifteen
onbir - eleven
onlar - they
onların - their
onu /ona - him
onun - its *(for neuter),* his; onun yatağı - his bed
onun kitabı - her book
onuncu - tenth
onyedi - seventeen
ora - there
otel - hotel
oteller - hotels
otobüs - bus; otobüsle gitmek - go by bus
oturmak - sit, sit down
otuz - thirty
oynama - playing
oynamak - play
oyuncak - toy
oyuncak bebek - doll
ödedi - paid
ödemek - pay
ödev - homework
öğrenci - student
öğrenci yurdu - dorms

öğrenciler - students
öğreniyor - learning
öğrenmek - learn
öğretmek - teach
öğretmen - teacher
öldü - died
öldürdü - killed
ölmek - die
ölümcül - deadly
ön - front
ön tekerlekler - front wheels
önce - ago, at first
önemli - important
önerdi - recommended
öneri - recommendation
önermek - recommend
önünde - before
öpmek - kiss
örneğin - for example
örnek - example
özellikle - especially
panik - panic; panik yapmak - to panic
pantolon - trousers
para - cash, money
paraşüt - parachute
paraşütçü - parachutist
park - park
parklar - parks
pazartesi - Monday
pencere - window
pencereler - windows
personel departmanı - personnel department
petrol - oil
pilot - pilot
plan - plan; planlamak - to plan
polis - police
Polonya - Poland
pozisyon - position
problem - problem
program - program
programcı - programmer
radar - radar
radyo - radio
rağmen - although
rahatsız etmek, zahmet etmek - bother
reddetmek - refuse
rehabilitasyon - rehabilitation
reklam - ad

resim - picture
rüzgar - wind
saat - hour; saat başı - hourly
saat - o'clock; Saat iki. - It is two o'clock.
saat - watch
saat birde - at one o'clock
saatte - per hour
sabah - morning
sabit - constant
saç - hair
sadece - just, only
sağ - right
sağlık - health
sahip - owner
sahip (olmak)/var (olmak) - have; O bir kitaba
sahip. - He has a book.
sakladı - hid
saklambaç - hide-and-seek
saklanmak - hide
sallamak, titremek - shake
sanat - art
sanatçı - artist
sandalye - chair
sandviç - sandwich
sarı - yellow
sarsılmak - shook
satıcı - shop assistant
satın almak - buy
satmak - sell
savaş - war
saygılarımla - yours sincerely
sebep - reason
seçmek - choose
seçti - chose
sekiz - eight
sekiz buçukta - at half past eight
sekizinci - eighth
sekme - ricochet
sekreter - secretary
selam - hi
sen /siz - you
senin - your
senin yerine - instead of you
serbest bırakmak - set free
ses - voice
sesle - aloud
sessiz, sessizce - silent, silently
sessizce - quietly

sevdi - loved
sevgi - love; sevmek - to love
sevgili - dear
seyahat - travel
seyirciler - audience
sıcak - warm
sıçan - rat
sınav - test; test etmek - to test
sınıf - class, classroom
sıra - queue
silah - gun
sinirle - angrily
sinsi, sinsice - sly, slyly
siren - siren
sivrisinek - mosquito
siyah - black
soğuk - cold *(adj)*
soğukluk - coldness
sol - left
soluk - pale
son - finish; bitirmek - to finish
sonbahar - fall; düşmek - to fall
sonra - after, then; ondan sonra - after that
sonunda - at last
sordu - asked
sormak - ask
Sorun ne? - What is the matter ?
soygun - robbery
soyguncu - robber
söylemek, demek - tell, say
spanyel - spaniel
spor - sport; spor mağazası - sport shop
spor bisikleti - sport bike
standart - standard
su - water
su ısıtıcı - kettle
suçlu - criminal
süpermarket - supermarket
sürat, hız - speed; süratle gitmek - to speed
sürdü - drove
sürmek - drive, last, take; Film üç saatten fazla sürer. - The movie lasts more than three hours.
sürpriz - surprise; şaşırtmak - to surprise
sürtünmek - rub
süzülmek - float
süzülüyor - floating
şans - chance
şapka - hat

şarkı söylemek - sing; şarkıcı - singer
şaşırmış - surprised
Şehir - city, town
şey - thing
şimdi, şu an - now
şoför - driver
şu - that
şunlar - those
tabak - plate
tabii ki - sure
tabir - phrase
takım - team
takip - pursuit
takmak - fasten
taksi - taxi
taksi şoförü - taxi driver
tamam, iyi - OK, okay, well
tamamen - full
tanker - tanker
tarih - date
tarla, alan - field
tasarım - design
taş - stone
taşıma - transport
taşındı, hareket etti - moved
tecrübe - experience
tek kelime etmeden - without a word
teker teker, ayrı - individually
tekerlek - wheel
telefon - phone, telefone; telefon etmek - to phone
telefon ahizesi - phone handset
telefon etmek - to telephone
telesekreter - answering machine
televizyon - television
televizyon takımı - TV-set
temiz - clean
temizlemek - clean
temizlenmiş - cleaned
tercüman - translator
tereyağı - butter
teşekkür ederim, teşekkürler - thank you, thanks
teşekkür etmek - thank
tıbbi - medical
tohum - seed
tören - ceremony
tren - train

tuş - button
tuvalet - toilet
tür - kind, type
uçak - airplane
uçak gösterisi - airshow
uçtu - flew away
umut - hope; umut etmek - to hope
unutmak - forget
utanmak - be ashamed; o utandı - he is ashamed
uygun - suitable
uyruk - nationality
uyumak - sleep, sleeping
uzak, uzağa - far, away
uzay - space
uzay gemisi - spaceship
uzaylı - alien
uzun - long
üç - three
üçüncü - third
ülke - country
üniversite - college
üretmek - produce
üye - member
üzerinden, üstünden - over, across
üzgün olmak - be sorry; Üzgünüm. - I am sorry.
üzücü - sad
vardı - arrived, had
varmak - arrive
vb. - etc.
ve - and
verdi - gave
vermek - give, hand
veteriner - vet
video kaseti - videocassette
video mağazası - video-shop
vurdu - shot
vurmak - hit, beat
yabancı - strange
yağmur - rain
yakalamak - catch
yakın, yakındaki, sonraki - near, nearby, next
yakınlık - nearness
yaklaşık - about
yalpalamak - pitch
yangın - fire
yanlış - incorrectly

yapmak - do, make
yaptı - did
yaratıcı - creative
yardım, yardım etmek - help
yardımcı - helper
yarım - half
yarın - tomorrow
yarışma - competition
yaş - age
yaşadı - lived
yaşamak - live
yaşayan - living
yaşça büyük - elder
yatak - bed
yataklar - beds
yavaşça - slowly
yayan - on foot
yayın - publishing
yaymak - spread
yazar - writer
yazarkasa - cash register
yazdı - wrote
yazmak - compose, write
yedi - seven
yedinci - seventh
yemek - eat, food
yemek pişirme - cooking
yeni - new
yer - floor, place
yer almak - take part
yerine - instead, instead of
yeşil - green
yıkamak - wash
yıl - year
yıldız - star
yıldız işareti - asterisk
yine - again
yirmi - twenty
yirmibeş - twenty-five
yirmibir - twenty-one
yok etmek - destroy
yol - road, way
yorgun - tired
yöntem - method
yutmak - swallow
yuvarlak, etrafından - round
yük, yüklemek - load
yüklemek - load; yükleyici - loader

yüksek - high
yükü boşaltmak - unload
yürüme - walking
yürümek - walk
yüz - face, hundred
yüzmek - swim
zaman - time
zaten - already

zavallı - poor
zebra - zebra
zeki, zekice - clever
zıplamak; zıplama - jump
zihinsel iş - mental work
ziyaret etti - visited
zor - difficult, hard

English-Turkish dictionary

a few - birkaç
a year ago - bir yıl önce
about - yaklaşık
accident - kaza
accompanied - eşlik etti
accompany - eşlik etmek
ad - reklam
address - adres
adventure - macera
advert - ilan
afraid - korkmuş
after - sonra
again - yine
against - karşı
age - yaş
agency - acente
ago - önce
agree - kabul etmek
agreement - anlaşma
air - hava
airplane - uçak
airshow - uçak gösterisi
alarm - alarm
alien - uzaylı
all - hepsi
all-round - çok yönlü
along - boyunca
aloud - sesle
already - zaten
also - aynı zamanda, da
although - rağmen
always - her zaman
American - Amerikalı
and - ve
angrily - sinirle
angry - kızgın
animal - hayvan
another - başka (bir)
answer - cevap, cevaplamak
answered - cevapladı
answering machine - telesekreter
any - herhangi
anything - herhangi bir şey
apply - başvurmak
arm - kol
arrive - varmak
arrived - vardı
art - sanat
artist - sanatçı
as, since *(kausal)* - gibi, için
as often as possible - mümkün olduğunca sık
as well - -de /-da
ask - istemek, sormak
asked - sordu
aspirin - aspirin
asterisk - yıldız işareti
at, on - -da, -de
at first - önce
at half past eight - sekiz buçukta
at last - sonunda
at least - en azından
at one o'clock - saat birde
at the same time - aynı anda
attention - dikkat
audience - seyirciler
away - uzak, uzağa
back - geri
bad - kötü
bag - çanta
bank - banka
barked - havladı
bathroom - banyo; bath - küvet
bathroom table - banyo masası
be - olmak
be ashamed - utanmak; he is ashamed - o utandı
be continued - devam edecek
be sorry - üzgün olmak; I am sorry. - Üzgünüm.
beautiful - güzel
because - çünkü
bed - yatak
beds - yataklar
beep - bip
before - önünde
began - başladı
begin - başlamak
behind - arkasında
believe - inanmak; to not believe one's eyes - gözlerine inanamamak
better - daha iyi
between - arasında

big/bigger/the biggest - büyük/daha büyük/en büyük
bike - bisiklet
billion - milyar
bird - kuş
bite - ısırmak
black - siyah
blank, empty - boş
blue - mavi
book - kitap
bookcase - kitaplık
bother - rahatsız etmek, zahmet etmek
box - kutu
boy - oğlan
boyfriend - erkek arkadaş
brake - fren; to brake - fren yapmak
bread - ekmek
break, pause - ara, mola
breakfast - kahvaltı; have breakfast - kahvaltı etmek
bridge - köprü
bring - getirmek
brother - erkek kardeş
bus - otobüs; go by bus - otobüsle gitmek
but - ama
butter - tereyağı
button - tuş
buy - satın almak
by the way - bu arada
bye - güle güle
cable - kablo
café - kafe
call - aramak, çağrı; call centre - çağrı merkezi
call on the phone - aramak
called - aradı
came - geldi
can, may - -ebil- /-abil-; I can read. - Okuyabiliyorum.
Canadian - Kanadalı
captain - kaptan
car - araba
care - ilgilenmek
careful - dikkatli
carefully - dikkatle
cash - para
cash register - yazarkasa
cashier, teller - kasiyer
cat - kedi

catch - yakalamak
CD - CD
CD player - CD çalar
central - merkezi
centre - merkez; city centre - şehir merkezi
ceremony - tören
chair - sandalye
chance - şans
change - değişim; to change - değişmek
check - kontrol etmek
chemical (adj) - kimyasal
chemicals - kimyasallar
chemistry - kimya
child - çocuk
children - çocuklar
choose - seçmek
chose - seçti
city - Şehir
class - sınıf
classroom - sınıf
clean - temiz, temizlemek
cleaned - temizlenmiş
clever - zeki, zekice
close - kapatmak, yakın
closed - kapalıydı
closer - daha yakın
clothes - giysi
club - kulüp
coffee - kahve
cold (adj) - soğuk
coldness - soğukluk
colleague - meslektaş
college - üniversite
come/go - gelmek/gitmek
company - firma
competition - yarışma
compose - yazmak
composition - kompozisyon
computer - bilgisayar
confused - kafası karışmış
constant - sabit
consult - danışmak
consultancy - danışmanlık
consultant - danışman
continue - devam etmek
continued to watch - izlemeye devam etti
control - kontrol
cooker - ocak

cooking - yemek pişirme
co-ordination - koordinasyon
correct, correctly - doğru, doğru olarak; to correct - düzeltmek
cost - fiyatı (miktar) olmak
country - ülke
course - kurs
creative - yaratıcı
cried - bağırdı
criminal - suçlu
cry - bağırmak, ağlamak
crystal - kristal
cup - bardak
current - akım
customer - müşteri
dad, daddy - baba
damn - kahretsin
dance - dans etmek
dancing - dans etme
dark - kara
date - tarih
daughter - kız
day - gün; daily - günlük
deadly - ölümcül
dear - sevgili
design - tasarım
desk - masa
destroy - yok etmek
develop - gelişmek
did - yaptı
die - ölmek
died - öldü
different - farklı
difficult - zor
dirty - kirli
do - yapmak
doctor - doktor
dog - köpek
doll - oyuncak bebek
door - kapı
dorms - öğrenci yurdu
down - aşağı
dream - hayal, rüya; to dream - hayal etmek, rüya görmek
dressed - giyinmiş
drink - içmek
drive - sürmek
driver - şoför

driving license - ehliyet
drove - sürdü
dry *(adj)* - kuru; to dry - kurutmak
DVD - DVD
ear - kulak
earn - kazanmak; I earn 10 dollars per hour. - Saatte 10 dolar kazanırım.
earth - dünya
eat - yemek
editor - editör
education - eğitim
eight - sekiz
eighth - sekizinci
either, too, also - da, ayrıca
either of you - ikinizden biri
elder - yaşça büyük
electric - elektrikli
eleven - onbir
else - diğer
e-mail - e-mail
employer - işveren
energy - enerji
engine - motor
engineer - mühendis
enjoy - keyfini çıkarmak
especially - özellikle
estimate - değerlendirmek
estimated - değerlendirdi
etc. - vb.
evening - akşam
every - her
everybody - herkes
everything - her şey
example - örnek
excuse - affetmek; Excuse me. - affedersiniz
experience - tecrübe
explain - açıklamak
eye - göz
eyes - gözler
face - yüz
fall - düşmek, sonbahar; to fall - düşmek
falling - düşen
family - aile
family status - aile durumu
far - uzak
farm - çiftlik
farmer - çiftçi
fasten - takmak

favourite - en sevdiği
favourite film - en sevdiği film
feed - beslemek
feeling - hissederek
fell - düştü
female - kadın
few - az
field - tarla, alan
fifteen - onbeş
fifth - beşinci
fill up - doldurmak
film - film
finance - finans
find - bulmak
fine - iyi
finish - son; to finish - bitirmek
finished - bitirdi
fire - ateş, yangın
firm - firma
firms - firmalar
five - beş
flew away - uçtu
float - süzülmek
floating - süzülüyor
floor - yer
flow - akıntı
flower - çiçek
fluently - akıcı bir şekilde
food - yemek
foot - ayak
for - için
for example - örneğin
forget - unutmak
form - form
forty-four - kırk dört
found - buldu
four - dört
fourth - dördüncü
free - boş; free time - boş zaman
freeze - donakalmak
friend - arkadaş
friendly - arkadaş canlısı
from - -den, -dan, -lı, -li
from the USA - ABD'li
front - ön
front wheels - ön tekerlekler
full - tamamen
fun - eğlence

funny - komik
furniture - mobilya
further - daha ileri
future - gelecek
garden - bahçe
gas - gaz
gave - verdi
German - Alman
get - almak
get (something) - (birşey) almak
get (somewhere) - (bir yere) gitmek
get off - inmek
get up - kalkmak; Get up! - Kalk!
gift - hediye
girl - kız
girlfriend - kız arkadaş
give, hand - vermek
glad - memnun
glass - cam
go - gitmek; I go to the bank. - Bankaya giderim.
go away - ayrılmak
go by bike, ride a bike - bisikletle gitmek, bisiklet sürmek
gone - gitti, yok
good (Adj.), well (Adv.) - iyi
goodbye - görüşürüz
great - harika
green - yeşil
grey - gri
grey-headed - kır saçlı
guest - misafir
gun - silah
guy - çocuk
had - vardı
hair - saç
half - yarım
handcuffs - kelepçe
happen - meydana gelmek
happened - meydana geldi
happiness - mutluluk
happy - mutlu
hard - zor
hat - şapka
hate - nefret etmek
have - sahip (olmak)/var (olmak); He has a book. - O bir kitaba sahip.
he - o

head - baş; to head, to go - gitmek
health - sağlık
heard - duydu
hello - merhaba
help - yardım, yardım etmek
helper - yardımcı
her book - onun kitabı
here (a direction) - buraya (yön)
here (a place) - buraya (yer)
here is - burada
Hey! - Hey!
hi - selam
hid - sakladı
hide - saklanmak
hide-and-seek - saklambaç
high - yüksek
him - onu /ona
his - onun; his bed - onun yatağı
hit, beat - vurmak
home - ev; go home - eve gitmek
homework - ödev
hope - umut; to hope - umut etmek
host - ev sahibi
hotel - otel
hotels - oteller
hour - saat; hourly - saat başı
house - ev
how - nasıl
howling - inleyen
human - insan
hundred - yüz
hungry - aç; I am hungry. - Ben açım.
I - ben
Internet site - internet sitesi
ice-cream - dondurma
idea - fikir
if - eğer, -se /-sa
immediately - hemen
important - önemli
in - de, da
incorrectly - yanlış
individually - teker teker, ayrı
inform - bilgilendirmek
information - bilgi
informed - bildirdi
inside - iç, içinde
instead, instead of - yerine
instead of you - senin yerine

interesting - ilginç
into - -e /-a
it - o
its *(for neuter)* - onun
jacket - ceket
jar - kavanoz
job, work - iş; have a lot of work - çok işi olmak
job agency - iş acentesi
join - katılmak
journalist - gazeteci
jump - zıplamak; zıplama
just - sadece
Canada - Kanada
kangaroo - kanguru
kettle - su ısıtıcı
key - anahtar
keyboard - klavye
killed - öldürdü
killer - katil
killer whale - katil balina
kilometer - kilometre
kind, type - tür
kindergarten - ana okulu
kiss - öpmek
kitchen - mutfak
kitten - kedi yavrusu
knew - biliyordu
know - bilmek
know each other - birbirini tanımak
lake - göl
land - kara, karaya inmek
language - dil
laser - lazer
last, take - sürmek; The movie lasts more than three hours. - Film üç saatten fazla sürer.
laugh - gülmek
leader - lider
learn - öğrenmek
learning - öğreniyor
leave - bırakmak
left - sol
leg - bacak
less - daha az
lesson - ders
let - izin vermek
let us - -alım /-elim
letter - mektup

life - hayat
life-saving trick - hayat kurtarma numarası
lift - asansör
like - beğenmek; I like that. - Bunu beğendim.
like, love - beğenmek, sevmek
limit - limit
lion - aslan
list - liste
listen - dinlemek; I listen to music. - Müzik dinlerim.
listen carefully - dikkatle dinlemek
little - küçük
live - yaşamak
lived - yaşadı
living - yaşayan
load - yük, yüklemek; loader - yükleyici
long - uzun
look - bakmak
look around - etrafa bakınmak
looked - baktı
loose - kaybetmek
lot - çok
love - sevgi; to love - sevmek
loved - sevdi
machine - makine
magazine - dergi
make - yapmak
male - erkek
man - adam
manual work - bedensel iş
many, much - birçok
map - harita
mattress - döşek
me - beni, bana, benden
meanwhile - bu sırada
medical - tıbbi
meet - buluşmak, tanışmak
member - üye
men - adam, adamlar
mental work - zihinsel iş
met - karşılaştı
metal - metal
meter - metre
method - yöntem
microphone - mikrofon
middle name - ikinci ad
mine - benim
minute - dakika

Miss - Bayan
mister, Mr. - Bay
mobile - cep telefonu
mom, mother - anne
moment - an
Monday - pazartesi
money - para
monkey - maymun
monotonous - monoton
more - daha fazla
morning - sabah
mosquito - sivrisinek
moved - taşındı, hareket etti
music - müzik
must - -meli /-malı; I must go. - Gitmeliyim.
must not - -mamalı- /-memeli-
my - benim
mystery - gizem
name - isim
nationality - uyruk
native language - anadil
nature - doğa
near, nearby, next - yakın, yakındaki, sonraki
nearest - en yakın
nearness - yakınlık
need - gerekmek, ihtiyacı olmak
neighbour - komşu
never - asla
new - yeni
newspaper - gazete
nice - güzel
night - gece
nine - dokuz
ninth - dokuzuncu
no - hayır
nobody - hiç kimse
North America and Eurasia - Kuzey Amerika ve Avrasya
nose - burun
not - değil
note - not
notebook - defter
notebooks - defterler
nothing - hiçbir şey
now - şimdi, şu an
number - numara
o'clock - saat; It is two o'clock. - Saat iki.
of course - elbette

office - büro
officer, policeman - memur, polis
often - genellikle
oil - petrol
OK, okay, well - tamam, iyi
on foot - yayan
once - bir kere
one - bir
one by one - birer birer
one more - bir tane daha
only - sadece
open - açmak
opened - açıldı, açtı
order - emretmek
other - diğer
our - bizim
out of order - arızalı
outdoors - dışarıda
over, across - üzerinden, üstünden
own - kendi
owner - sahip
paid - ödedi
pail - kova
pale - soluk
panic - panik; to panic - panik yapmak
paper - kağıt
parachute - paraşüt
parachutist - paraşütçü
parent - ebeveyn
park - park
parks - parklar
part - bölüm
participant - katılımcı
pass a test - bir sınavı geçmek
passed - geçti
past - geçe, geçmiş
patrol - devriye
pay - ödemek
pay attention to - dikkat etmek
pen - dolma kalem
pens - dolma kalemler
people - insanlar
per hour - saatte
person - kişi
personal - kişisel
personnel department - personel departmanı
pet - evcil hayvan
pharmacy - eczane

phone - telefon; to phone - telefon etmek
phone handset - telefon ahizesi
photograph - fotoğraflamak
photographer - fotoğrafçı
phrase - tabir
picture - resim
pill - hap
pilot - pilot
pitch - yalpalamak
place - yer
plan - plan; to plan - planlamak
planet - gezegen
plate - tabak
play - oynamak
playing - oynama
please - lütfen
pocket - cep
pointed - doğrulttu
Poland - Polonya
police - polis
poor - zavallı
position - pozisyon
possibility - imkan
possible - mümkün
pour - dökmek
prepare - hazırlamak, hazırlanmak
press - basmak
pretend - numarası yapmak
price - fiyat
problem - problem
produce - üretmek
profession - meslek
program - program
programmer - programcı
protect - korumak
publishing - yayın
pull - çekmek
puppy - köpek yavrusu
pursuit - takip
push - itmek
pussycat - kedicik
put on - giymek
questionnaire - anket
queue - sıra
quick, quickly - çabuk, çabucak
quietly - sessizce
quite - oldukça
radar - radar

radio - radyo
railway station - demiryolu istasyonu
rain - yağmur
rang - çaldı
rat - sıçan
read - okumak
reading - okuma, okuyan
ready - hazır
real - gerçek
really - gerçekten
reason - sebep
recommend - önermek
recommendation - öneri
recommended - önerdi
record - kaydetmek
red - kırmızı
refuse - reddetmek
rehabilitate - iyileştirmek
rehabilitation - rehabilitasyon
remain - kalmak
remembered - hatırladı
report - ihbar etmek
reporter - muhbir
rescue - kurtarmak
rescue service - kurtarma hizmeti
ricochet - sekme
right - sağ
ring - çalma sesi
road - yol
robber - soyguncu
robbery - soygun
roof - çatı
room - oda
rooms - odalar
round - yuvarlak, etrafından
rub - sürtünmek
rubber - lastik
rubric - kırmızı başlık
rule - kural
run - koşmak
run away - kaçmak
running - ilerleyen
rushed - hızla geçti
sad - üzücü
safe - kasa
said - dedi
sand - kum
sandwich - sandviç

Saturday - cumartesi
save - kurtarmak
saw - gördü
school - okul
sea - deniz
seashore - deniz kıyısı
season - mevsim
seat - koltuk; take a seat - (bir yere) oturmak
seat belts - emniyet kemeri
second - ikinci
secret - gizli
secretary - sekreter
secretly - gizlice
see - görmek
seed - tohum
seldom - az
sell - satmak
sent - gönderdi
sergeant - çavuş
serial - dizi
seriously - cidden
servant - hizmetçi
serve - hizmet etmek
set free - serbest bırakmak
seven - yedi
seventeen - onyedi
seventh - yedinci
sex - cinsiyet
shake - sallamak, titremek
she - o
sheet (of paper) - (kağıt) yaprak
ship - gemi
shook - sarsılmak
shop - dükkan
shop assistant - satıcı
shopping center - alışveriş merkezi
shops - dükkanlar
shore - kıyı
short - kısa
shot - vurdu
show - göstermek
showed - gösterdi
silent, silently - sessiz, sessizce
silly - aptal
simple - basit
since, as - beri, için
sing - şarkı söylemek; singer - şarkıcı
single - bekar

siren - siren
sister - kız kardeş
sit - oturmak
sit down - oturmak
situation - durum
six - altı
sixth - altıncı
sixty - altmış
skill - beceri
sleep - uyumak
sleeping - uyumak
slightly - biraz
slowly - yavaşça
sly, slyly - sinsi, sinsice
small - küçük
smart - akıllı
smile - gülümseme; to smile - gülümsemek
smiled - gülümsedi
snack - atıştırma
so - bu yüzden
some - biraz, bazı, birkaç
somebody - birisi
something - bir şey
sometimes - bazen
son - oğul
soon - kısa süre içinde
space - uzay
spaceship - uzay gemisi
spaniel - spanyel
Spanish - İspanyolca, İspanyol
speak - konuşmak
speech - konuşma
speed - sürat, hız; to speed - süratle gitmek
speeder - hız yapan sürücü
spend - harcamak
sport - spor; sport shop - spor mağazası
sport bike - spor bisikleti
spread - yaymak
square - meydan
stairs - merdiven
stand - ayakta durmak
standard - standart
star - yıldız
start - başlamak
started (to drive), tried - çalıştı
status - durum
steal - çalmak
steer - direksiyon çevirmek

step - adım, basmak; to step - basmak
stepped - bastı
still - hala
stinking - kokmuş
stolen - çalındı
stone - taş
stop - durmak
stopped - durdu
story - hikaye
strange - yabancı
street - cadde
streets - caddeler
strength - güç
strong, strongly - güçlü, güçle, kuvvetle
student - öğrenci
students - öğrenciler
study - çalışmak, okumak
stuffed - doldurulmuş; stuffed parachutist - doldurulmuş paraşütçü
suddenly - aniden
suitable - uygun
supermarket - süpermarket
sure - tabii ki
surprise - sürpriz; to surprise - şaşırtmak
surprised - şaşırmış
swallow - yutmak
swim - yüzmek
switched on - açtı
table - masa
tables - masalar
tail - kuyruk
take - almak
take part - yer almak
taken - aldı
talk - konuşmak
tanker - tanker
tap - musluk
task - görev
tasty - lezzetli
taxi - taksi
taxi driver - taksi şoförü
tea - çay
teach - öğretmek
teacher - öğretmen
team - takım
telefone - telefon
telephone - telefon etmek
television - televizyon

tell, say - söylemek, demek
ten - on
tenth - onuncu
test - sınav; to test - test etmek
text - metin
textbook - ders kitabı
than - -den /-dan; George is older than Linda. - George Linda'dan daha yaşlı.
thank - teşekkür etmek
thank you, thanks - teşekkür ederim, teşekkürler
that - şu
that *(conj)* - -en, -dığı
the host family - ev sahibi aile
the same - aynısı
the United States /the USA - Birleşik Devletler, ABD
their - onların
then - sonra; after that - ondan sonra
there - ora
these - bunlar
they - onlar
thief - hırsız
thieves - hırsızlar
thing - şey
think - düşünmek
thinking - düşünme
third - üçüncü
thirty - otuz
this - bu
this book - bu kitap
this stuff - bu şeyler
those - şunlar
thousand - bin
three - üç
through - aracılığıyla, -den geçerek
ticket - bilet
tiger - kaplan
time - zaman
tired - yorgun
today - bugün
together - beraber
toilet - tuvalet
tomorrow - yarın
too - de, da
took - aldı
town - şehir
toy - oyuncak

train - eğitmek, tren; trained - eğitimli
translator - tercüman
transport - taşıma
travel - seyahat
trick - hareket, numara
trousers - pantolon
truck - kamyon
try - denemek
turn - dönmek, çevirmek
turn off - kapatmak
turn on - açmak
turned - çevirdi
TV-set - televizyon takımı
twelve - on iki
twenty - yirmi
twenty-five - yirmibeş
twenty-one - yirmibir
twice - iki kere
two - iki
unconscious - baygın
under - altında
underline - altını çizmek
understand - anlamak
understood - anladı
unfair - adaletsiz
unload - yükü boşaltmak
until - kadar
us - bize, bizi, bizden
USA - ABD
use - kullanmak
usual - normal, olağan
usually - genellikle
very - çok
vet - veteriner
videocassette - video kaseti
video-shop - video mağazası
village - köy
visited - ziyaret etti
voice - ses
wait - beklemek
waited - bekledi
walk - yürümek
walking - yürüme
want - istemek
wanted - istedik
war - savaş
warm - sıcak
warm up - ısınmak

was - -dı /-di
wash - yıkamak
washer - çamaşır makinesi
watch - saat
water - su
wave - dalga
way - yol
we - biz
weather - hava
week - hafta
went away - gitti
were - -di /-dı
wet - ıslak
whale - balina
what - ne, hangi; What is this? - Bu ne?; What table? - Hangi masa?
What is the matter ? - Sorun ne?
wheel - tekerlek
when - Ne zaman, -dığı
where - nerede
which - -en/-an
while - -ken
white - beyaz
who - kim
whose - kimin
wide, widely - geniş, genişce
will - istemek, dilemek
wind - rüzgar
window - pencere
windows - pencereler
with - ile
without - -meden /-madan
without a word - tek kelime etmeden
woman - kadın
wonderful - muhteşem
word - kelime
words - kelimeler
worked - çalıştı
worker - işçi
working - çalışan
world - dünya
worry - endişelenmek; Do not worry! - Endişelenme!
write - yazmak
writer - yazar
wrote - yazdı
yard - avlu
year - yıl
yellow - sarı
yes - evet
yesterday - dün
yet - henüz
you - sen /siz
young - genç
your - senin
yours sincerely - saygılarımla
zebra - zebra
zoo - hayvanat bahçesi

www.ingramcontent.com/pod-product-compliance
Lightning Source LLC
Chambersburg PA
CBHW080344170426
43194CB00014B/2686